되는
개그맨법

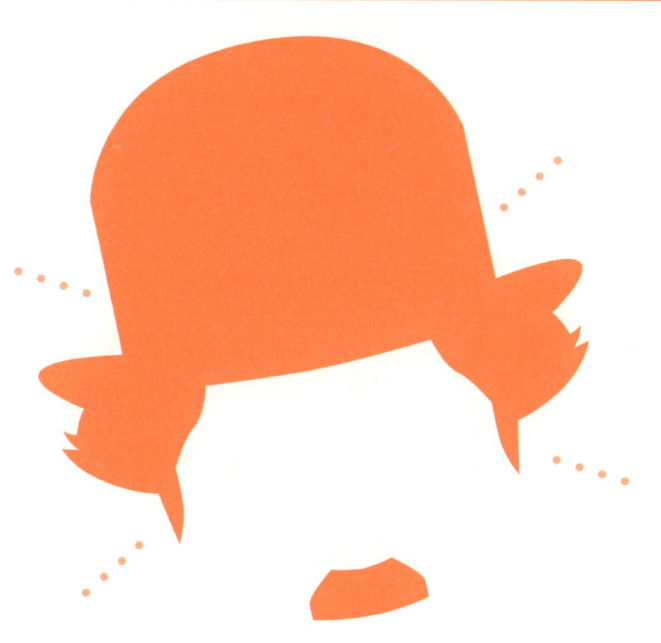

되는
개그맨 법

서류부터 합격까지 ──
단계별 30일 완벽 대비

개그맨으로 '뜨는' 것은 몰라도
'되는' 것은 내가 전문이다.

영화 〈올드보이〉에 "그때 그들이 15년이라고 말해줬다면 조금이라도 견디기가 쉬웠을까?"라는 대사가 있다. 나는 18살에 〈개그콘서트〉를 보고 저 무대에 서야겠다고 결심했고 13년이 걸렸다. KBS 27기 개그맨, 그것도 동기들 중 나이가 가장 많은 '올드보이'였다. 시험에 한 번에 붙은 사람도 있는데 나는 왜 이렇게 오래 걸린 것일까?

개그맨의 꿈을 처음 가진 고2 때, 방송국 홈페이지에 들어갔다. 개그맨 시험 자격에 '대한민국 국적을 가진 성인 남녀'라고 쓰여 있기에 그냥 고등학교 졸업해서 개그맨 시험을 보면 되는 줄 알았다.

졸업 후 원서를 내고 운 좋게 1차 서류 전형에 합격했다. 하지만 2차 실기 시험을 보러 갔다가 포기하고 집으로 돌아왔다. 방송국 입구에서 연습하고 있던 다른 개그맨 지원자들을 봤는데, 바로 녹화하고 출연해도 될 것 같은 의상과 소품을 갖추고 준비해온 개그를 연습하고 있었기 때문이다. 슬쩍 봐도 나보다 훨씬 준비돼 있고 웃겨 보였다.

이 책은 개그맨으로 '뜨는' 방법을 알려주는 책이 아니다. 과거의 나처럼 개그맨이 꿈이지만 방법을 몰라서 도전도 못하고 있을 '개그 꿈나무'를 위한 개그맨 '되는' 책이다. 개그맨 시험 합격이 최종 목표는 아니다. 합격해야 방송 출연의 자격을 갖고 그때부터 진짜 시작이다. 나는 개그맨이 되고 싶어 닥치는 대로 수많은 시험을 봤고 어느덧 SBS 개그맨 시험에 합격, MBN 합격을 거쳐 꿈에 그리던 KBS 개그맨이 되었다.

시험장까지 가서 포기했던 사람이 어떻게 3곳의 개그맨 시험에 붙을 수 있었을까?
지금부터 나의 개그맨 시험 10년 노하우를 공개한다!

▌목차 ▌

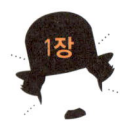
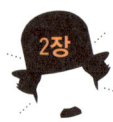

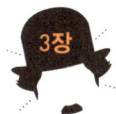
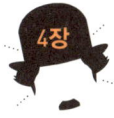

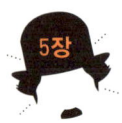
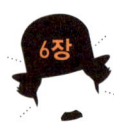

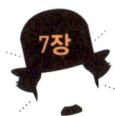
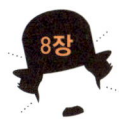

1장

왜 개그맨인가?

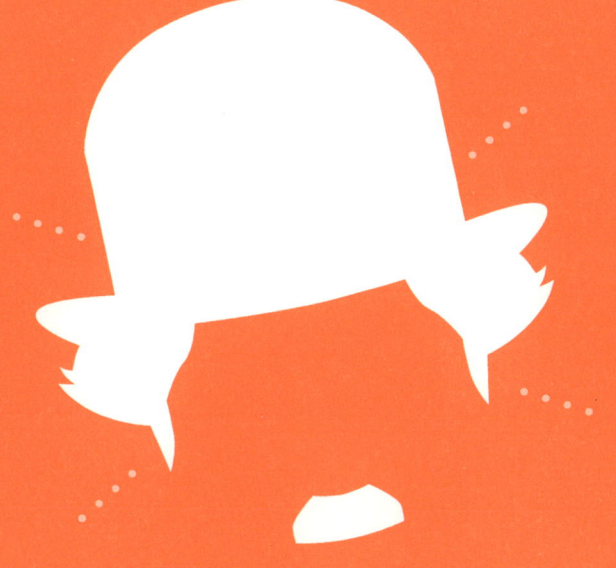

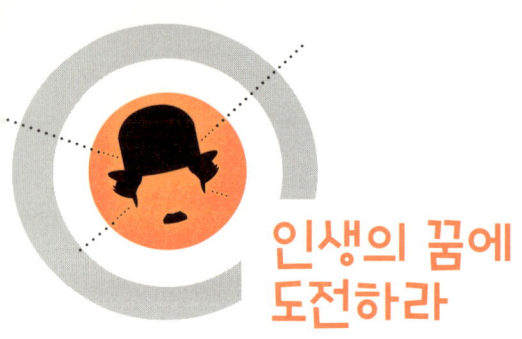

인생의 꿈에 도전하라

상황 1 일어나니 또 11시… 어제 늦게까지 술을 마셔서 그런지 오늘도 늦게 일어 났다.

에이, 좀 늦게 일어나면 어때? 오늘 할 것도 없는데 더 자야겠 다. 어차피 군대 가기 전까지 시 간 있으니까 그때까지 실컷 쉬다 가자~ 저녁때 친구들 학교 수업 끝나고 만나기로 했으니까 집에 서 영화나 보다 나가면 되겠다. 영화도 매일 보니까 지겹긴 한

상황 2 갑자기 새벽에 눈이 떠 졌다. 아이디어 노트가 어디 있지? 이건 정말 재밌겠는데? 까먹기 전에 빨리 적어 놔야지.

자다 말고 생각난 아이디어를 적 는다. 시간을 보니 새벽 4시. 황당 하게도 요즘 자다가 아이디어가 많 이 떠오른다. 저번에 이렇게 갑자기 떠올라서 발표한 아이디어는 동료 들의 핀잔을 들었지만, 이번엔 확실 히 재미있을 것 같다. 빨리 이 아이 디어로 회의해서 재미있는 개그를

데… 진짜 심심하다. 오늘 뭐 재 | 만들고 싶은데 시간이 아직 이르다.
밌는 거 없나? | 그래, 일단은 잘 적어 놨으니까 마
음 편히 다시 자야지. 이걸로 사람
들을 웃길 생각에 흥분된다.

　너무나 다른 두 사람의 하루의 시작이다. 하지만 놀랍게도 두 사람은 같
은 사람이다. 첫 번째는 개그맨에 도전하기 전 나의 일상이고 두 번째는 개
그맨에 도전을 하고서부터 나의 일상이다. 같은 사람의 하루가 어떻게 이렇
게 달라질 수 있었을까?

　교과서적인 말로 들릴 수 있겠지만 좋아하는 일을 하는 사람의 하루는
시작부터 다르다. 프롤로그에 말했듯 나는 개그맨이 되고 싶었지만 막상 개
그를 하려니 겁이 나서 망설이고 있었다. 그러다 군대를 갔는데, 군대에선
개인의 의지와는 상관없이 훈련 스케줄이나 명령에 따라 생활할 수밖에 없
었다. 그런 생활을 2년 넘게 하다 보니 전역을 하면 꼭 하고 싶은 일을 하
자고 결심했다. 그래서 전역 후 제일 하고 싶었던 개그를 바로 시작하게 되
었다. 기다림 끝에 시작하게 된 개그여서일까? 아이디어 회의를 밤늦게까지
해도 시간 가는 줄 모르고 너무 재미있게 했다. 그 당시 나의 첫 개그 파트
너였던 이원구 선배(내가 한 살 형이라 그땐 형 동생이었지만 지금은 이원
구 선배가 22기, 내가 27기라 선배님이라 부른다)도 군대를 갓 전역했을 때
라 서로 마음이 잘 맞았다. 만나기만 하면 쉼 없이 연습하고 회의를 했다.
처음이라 그런지 지금보다 훨씬 신이 나고 하루하루가 행복했다.

가끔 개그맨이나 개그우먼이 되고 싶다는 사람들을 만날 때가 있다. 어릴 적부터 꿈이 개그맨이었고 학교 다닐 때 웃기다는 말을 많이 들었다고 한다. 그런데 왜 도전하지 않았냐고 물어보면 신기하게도 다 비슷한 대답을 한다.

"개그맨은 꿈일 뿐이잖아요. 현실도 생각해야죠~"

"제가 할 수 있을까요? 막상 하려니 겁이 나요."

"지금 하고 있는 일을 그만두고 준비해야 하는데, 그 사이 돈은 어떻게 벌어요?"

"하고 싶긴 한데 현실을 직시해야 할 나이에요. 제 나이가 몇인데요."

하지만 개그맨, 개그우먼 중 가정 형편이 좋은 사람은 생각보다 많지 않다. 많은 사람들이 어려운 환경 속에서 개그에 도전했고, 늦은 나이에 시작한 사람도 많다. 나만 해도 KBS 공채 시험에 합격했을 때 31살이었다. 꿈에 도전하는 데 환경과 나이가 걸림돌이 될 수 있을까? 정말 개그맨 시험을 보기 망설여진다면 스스로에게 물어보자. 정말 개그를 하고 싶은데 못 하는 건지, 아니면 그냥 핑계를 대고 싶은 건지.

개그 지망생 시절부터 지금까지 개그를 10년 넘게 해오면서 정말 사정이 어려워서 개그를 못 한 사람은 보지 못했다. 하지만 개그를 하는 사람들 중 어려운 환경의 사람은 정말 많이 봤고, 아직도 그런 사람들이 주위에 있다. 그런데 그 사람들은 신기하게도 표정이 밝다. 개그가 왜 좋으냐고 물어보면 이유는 조금씩 달라도 말할 때의 표정이 모두 정말 행복해

보인다. 나 또한 개그가 좋다. 재미있는 아이디어가 떠오를 때가 좋고, 나의 개그로 인해 사람들의 웃는 얼굴을 볼 때가 좋고, 힘든 연습과 회의의 연속에도 사람들을 웃길 생각에 기대될 때 좋다!

꿈은 여유가 있어서 도전하지 않는다!
정말 좋아하기 때문에 도전할 수 있다!

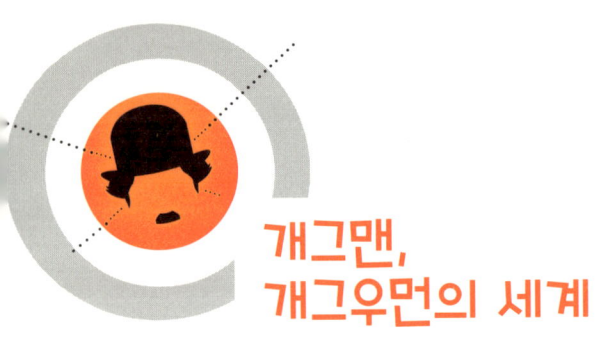

개그맨,
개그우먼의 세계

모르면 더 겁날 수 있다. 나 역시 그랬다. 그래서 개그맨, 개그우먼에 대한 대표적인 궁금증을 모아 봤다.

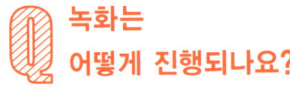

**녹화는
어떻게 진행되나요?**

A 〈개그콘서트〉의 일주일 스케줄은 이렇다.

월	화	수	목	금	토	일
리허설, 수정	리허설, 최종 수정	카메라 리허설, 녹화	새 코너 검사, 코너 회의, 새 코너 회의	새 코너 검사, 코너 회의, 새 코너 회의	개인 회의	개인 회의

월·화에는 수요일에 녹화할 개그를 연습, 리허설 한 뒤 수정하고, 화요일에 최종 수정을 해서 수요일에 녹화를 한다. 녹화가 끝나면 바로 목·금에 다음 주 회의를 한다. 이외에도 목·금에 기존 코너 회의를 하고, 그 회의가 끝난 후와 주말에 새 코너 회의를 한다.

개인적으로 행사를 하거나 다른 방송 촬영이 있는 사람들은 왔다 갔다 하며 〈개그콘서트〉 회의를 하고 주말에도 아이디어 회의를 한다. 아무리 바쁜 선배들도 수요일에 녹화할 개그는 꼭 짜야 한다. 방송국에 있다 보면 일주일이 정신없이 지나간다. 일단 개그맨 시험에 합격해서 오기만 하면 그렇게 하고 싶었던 개그를 원 없이 한다고 생각하면 된다.

 돈은요?
많이 벌어요?

A   이제 시작하려는 분들에게 돈 이야기 하는 것은 조금 그렇지만, 개그맨이나 개그우먼으로 '뜨면' 한 번에 억대 연봉도 가능하다. 최근에 뜬 박나래 선배의 경우 금방 집을 샀다고 방송에 나왔다. 이런 것을 보고 개그맨들이 다 돈을 잘 번다고 생각하는 사람은 없겠지만, 웃기는 능력에 따라 수입을 얼마든지 키울 수 있는 것은 사실이다.

하지만 개그가 좋아서가 아니라 돈이 좋아서 개그맨에 도전한다면 말리고 싶다. 그만큼 스트레스도 많이 받고 항상 아이디어를 생각해야 하는 머리 아픈 직업이다. 연예인 중 유일하게 스스로 대본을 짜고 스스로 연기하고 스스로 소품도 만드는, 혼자서 다 하는 연예인이다. 철저하게 자신의 실력이 있어야 한다. 돈을 많이 벌지의 여부는 본인의 개그 실력에 달렸다. 신인 때는 돈보다는 개그 실력을 키우는 데 더 신경을 써야 한다.

예전 기사에 〈개그콘서트〉 막내들의 출연료가 공개된 적이 있었다. 많은 사람들이 이런 반응이었다.

"잠깐 나오는데 돈 많이 받네?"

그런데 한번 녹화를 하기까지 시간이 얼마나 걸릴까? 보통 막내들의 일하는 시간으로 따져 보자. 아침 11시에 출근해 저녁 8시~10시 정도에 퇴근한다. 그날의 컨디션에 따라 재밌는 게 생각이 나지 않을 때는 퇴근이 늦고, 회의 진행이 빠르면 퇴근도 빠르다. 그래서 저녁 약속을 잡기가 힘들다. 몇 시에 끝난다고 예상했는데 아이디어가 잘 안 나와서 더 늦게 끝날 수도 있다. 아이디어가 나오지 않을 때는 밤샘도 각오해야 한다.

하루에 평균 10시간 일한다고 치고, 주 5일이면 1주일에 50시간을 일한다. 출연료를 시간으로 나누면 1시간에 1만 원 정도 버는 셈이다. 퇴근해서 따로 회의하거나 주말에 회의하는 시간을 뺀 시간인데 이래도 많을까? 거기에 출연료는 방송에 나와야 받을 수 있다. 출연을 못 하면 돈을 못 번다. 이건 다른 방송국도 마찬가지다. 한 달 동안 새 코너를 짜도 출연을 못 하면 돈을 한 푼도 벌 수 없다. 준비 과정에 투자한 회의 시간, 연습 시간, 의상과 소품에 들어간 돈도 당연히 보상받을 수 없다.

개그를 좋아하는 마음이 없으면 절대 못 한다.

**합격하면 방송에
바로 나와요?**

A 보통 3개월 동안의 연수 과정을 거치고, 1년간은 단역부터 시작한다. 시험 볼 때, 방송에 나와도 될 정도의 나만의 재밌는 캐릭터를 보여주면 합격하자마자 바로 방송에 나올 수도 있다.

〈개그콘서트〉를 잘 보면 대사가 한두 마디거나 대사 없이 지나가는 역할이 있다. 신인은 이런 행인, 마트 직원, 경찰 등의 간단한 역할을 맡게 된다. 이렇게 점점 무대 경험을 쌓아서 새 코너를 잘 짜면 주인공으로 나올 수도 있다. 이건 본인 능력에 달렸다. 개그 프로그램을 보며 '저 개그맨이나 개그우먼은 언젠가 잘 되겠네.'라고 생각하며 보는 것도 재밌다. KBS 26기 김혜선 선배가 했던 말 중에 정말 멋진 말이 있다.

"작은 역할을 잘해야 나중에 큰 역할도 잘할 수 있는 거야."

너무 멋진 말이라 새 코너를 짜거나 새로운 역할을 맡게 되면 이 말부터 떠오른다.

 **군기가
엄하나요?**

A 개그맨, 개그우먼의 세계에 관심 있는 사람들은 군기에 대한 소문을 들었을 것이다. 나도 방송국에 처음 왔을 때는 군대를 다시 온 기분이었다. 선후배 간에 지켜야 할 예의도 많고, 잘못이 있으면 엄하게 혼나기도 했다. 하지만 이유 없이 괴롭히는 선배는 한 명도 없었다.

뭐든지 처음은 힘들다. 우리가 되고 싶은 개그맨 선배들도 처음엔 다 힘들었다. 아니, 더 힘들었다. 지금보다 선후배 사이의 군기도 더 엄하고, 방송 매체 수도 적어 방송에 나오기가 더 힘들었다고 한다. 막상 개그맨이 되면 아무리 내가 좋아서 선택했다고 해도 방송국에 있는 매일이 신나진 않을 것이다. 아이디어 생각하기가 힘들고, 선후배 사이가 좀 무섭기도 하다. 하지만 신입 사원은 누구나 힘들다. 내가 택해서 하는 일이니 '고생' 아닌 '과정'이라고 생각하자.

나의 경우 동기들 중 나이가 제일 많았기 때문에 들어와서 반장을 했다. 나이가 제일 많은 남자가 반장, 여자가 부반장을 맡는데, 동기들이 잘못을 하면 꼭 반장과 부반장이 먼저 혼나고 그 후 다 같이 혼났다. 내가 잘못해서 혼나는 건 어쩔 수 없지만 다른 사람 때문에 혼나면 정말 스트레스가 쌓인다. 거기에 반장이니 모범을 보이려고 노력해야 했다. 개그 아이디어 생각하기에도 바쁜데 그런 것까지 신경 쓰려니 머리가 아팠다. 하지만 그래도 개그맨이 돼서 행복했다. 단체로 혼난 어느 날, 화가 나서 집에 가는데 이런 생각이 들었다.

'개그맨이 안 됐으면 혼날 수도 없잖아?'

처음엔 힘들지만 개그맨 시험에 떨어져서 힘든 것보다는 훨씬 낫다고 생각한다.

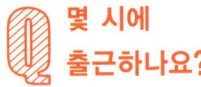

몇 시에 출근하나요?

A   평균 출근 시간은 보통 11시다. 선배들은 1시 정도에 올 때도 있다. 예

전에 선배들의 출근 시간이 더 늦다고 기사에 안 좋게 나온 적이 있는데, 개그맨은 철저한 자기 능력제다. 선배들은 후배들보다 늦게 와도 개그에 대한 훈련이 되어 있어 순식간에 재미있는 아이디어를 더 많이 생각한다.

방송에 나오는 코너가 있을 때는 방송국에 출근을 하지만 코너가 없을 때는 출근을 하지 않아도 된다. 그때는 새 코너를 만드는 시간을 가질 수도 있고, 공연을 만들거나 다른 분야에 도전하기도 한다. 단, 방송국에 갓 들어간 막내일 때는 방송국마다 출근 규정이 다르다. KBS의 경우 코너가 없어도 1년간 의무 출근이고, SBS는 조를 나눠 돌아가며 출근, tvN은 자유롭게 출근한다. 막내 때는 선배들과 회의도 많고 회의 시간을 선배들의 일정에 맞춰야 한다. 그래서 의무 출근이든 자유 출근이든 큰 차이는 없다.

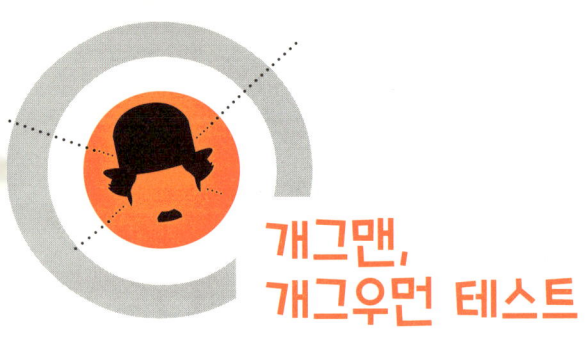

개그맨,
개그우먼 테스트

아직도 도전을 할지 말지 고민이라면 나의 개그맨, 개그우먼 가능성을 테스트해 보자! 각 항목마다 1~5점의 점수를 매긴 뒤 나온 점수를 합해 보면 된다. 하지만 명심하자. 점수에 상관없이 누구나 개그맨에 도전할 수 있다.

꿈에 대한 도전은 누가 정해주는 것이 아니라 내가 정하는 것이다. 개그 실력은 타고나기도 하지만 노력으로 충분히 키울 수 있다.

우리가 잘 아는 말 잘하는 사람 중에 김제동이 있다. '김제동식 웃음'의 노하우는 노력에 있다. 그는 한 인터뷰에서 이렇게 말했다.

"기사를 오려 정리한 스크랩북이 집에 쌓여 있어요. 사설을 주로 보는 편이고, 좋은 격언이나 명언은 스크랩합니다. 밑줄도 긋고 그 내용들에 대해 생각한 것들을 적어 놓죠. '나만의 신문'을 만드는 셈입니다. 도움이 많이 됩니다."

수많은 개그맨들의 지금 모습은 **끊임없는 노력의 결과**다.

개그맨·개그우먼 가능성 테스트

1 학창 시절, 반에 한두 명 있는 웃긴 사람이었다.

2 개그 프로그램을 보다 개그맨들이 어떤 대사로 웃길지 맞춘 적이 있다.

3 항상 새로운 아이디어가 떠오른다.

4 슬프거나 좋지 않은 상황에서도 웃긴 장면이 떠오른다.

5 장기자랑 준비할 때 아이디어를 내면서 주도하는 편이었다.

6 나만 할 수 있는 비장의 개인기가 있다.

7 개그 프로그램을 보고 있으면 몸이 근질근질하다.

8 엉뚱하다는 소리를 많이 듣는다.

9 남들이 나의 행동이나 말 때문에 웃을 때 기분이 좋다.

10 얼굴만 봐도 웃긴다는 이야기를 들은 적이 있다.

| 테스트 결과 |

40점 이상   당장 개그맨, 개그우먼에 도전하세요!

31~40점   아직도 개그맨, 개그우먼에 도전하지 않으셨나요?

21~30점   충분히 도전할 수 있습니다!

11~20점   용기를 내서 도전해 봐요!

0~10점   포기하지 마세요. 할 수 있습니다!

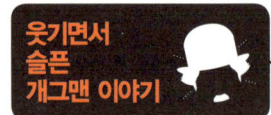

저희, 개그맨이에요!

SBS 9기 개그맨에 합격해 대학로 컬투홀에서 공연할 때 이야기다. 제일 돈이 없을 시절이라 차를 산다는 생각은 하지도 못 했고 늘 대중교통을 이용했는데, 늦게 끝나는 날은 공연장에서 밤새 기다리다 첫차를 타고 집에 갔다. 그러다가 돈을 모아 오토바이를 사게 되었다. 이제 막차 시간 신경 쓰지 않고 개그 회의를 할 수 있다는 생각에 정말 신났다.

어느 날, 지금은 KBS 28기 후배로 들어왔지만 그 당시 SBS 동기였던 복현규와 같이 새 코너 회의를 하고 소품을 사러 영등포에 갔다. 두 명의 바보 경찰이 나오는 새 코너였는데, 새벽에 순찰을 돌다가 훔친 물건을 힘들게 혼자 옮기는 도둑을 발견하고 도와준다는 설정의 개그였다. 마침 찾는 소품이 있어서 기분 좋게 사고 현규를 영등포역에 내려준 뒤 가려고 했는데, 갑자기 경찰 두 명이 와 불심 검문을 했다.

"실례합니다. 요즘 오토바이를 탄 2인조 소매치기가 영등포를 돌아다닌다는 신고가 접수돼서요."

그 소매치기도 2명, 거기에 오토바이를 타고 다닌다니 우리를 의심할 수도 있다는 생각에 잠시 가방을 열어보자는 말을 그대로 따랐다. 그런데 아차, 가방엔 소품으로 샀던 밧줄과 복면이 있었다…. 복면을 본 경찰은 갑자기 태도를 바꿔서 다그쳤다.

"오토바이 시동 꺼! 내려!"

도망갈까 그랬는지 한 경찰이 오토바이를 막아섰고 다른 경찰은 빨리 내리라고 재촉했다. 그땐 무섭다고 생각했는데, 지금 생각해 보니 누가 봐도 2인조 소매치기로 의심할 상황이었으니 그럴만하다. 처음엔 그 상황이 웃겨서 오토바이에서 내리자마자 미소를 띠고 설명을 했다.

"저희가요, 개그맨인데요, 이 복면이랑 밧줄은 소품이거든요."

"개그맨? 무슨 개그맨? 뭔 소리야?"

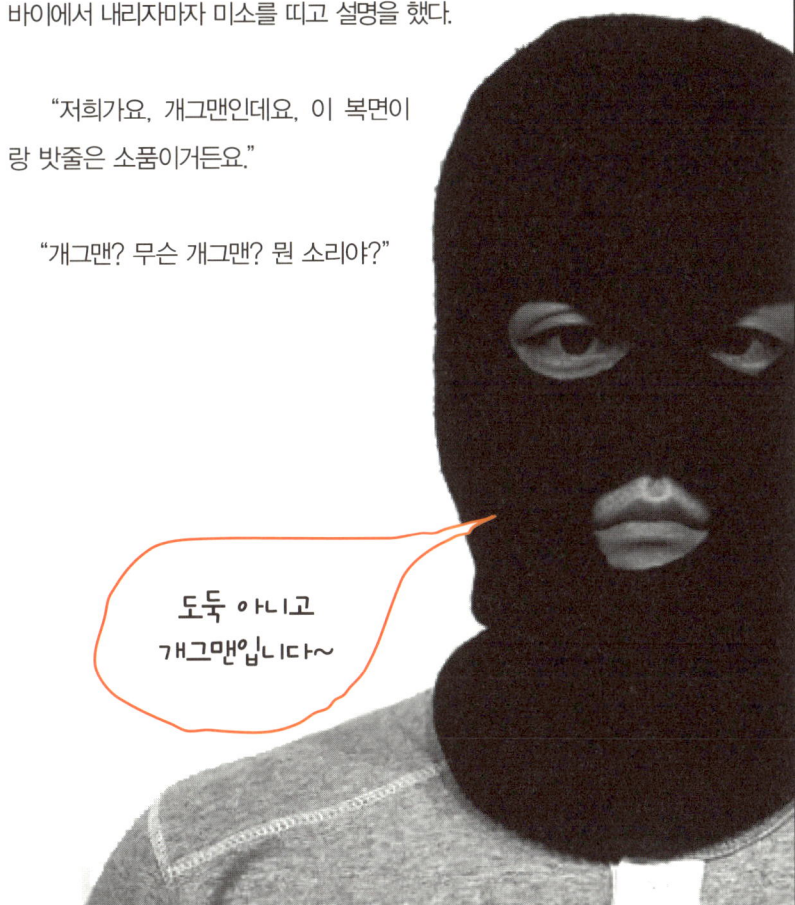

도둑 아니고
개그맨입니다~

아직 〈웃찾사〉에 나온 적이 없어서 뭐라고 설명하기가 참 난감했다. 신분증을 주고 SBS 개그맨 시험을 봤으며 지금 컬투홀에서 공연을 하고 있고, 새 코너를 만든 게 있는데 그게 경찰과 도둑에 관한 이야기라고 한참을 설명했다. 결국 새 코너 대본을 보여주고 나서야 조금 믿는 분위기였다. 그래도 의심이 아직 덜 풀렸던지 따로따로 집에 가라고 했다. 결국 현규는 지하철역 앞에 내려주지도 못하고 거기에서 바로 헤어졌다. 새 코너 대본이 가방에 있었기에 망정이지, 그거라도 없었으면 경찰서까지 가서 한참을 설명해야 될 뻔 했다.

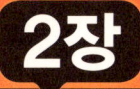

2장
이것이 개그맨 시험이다

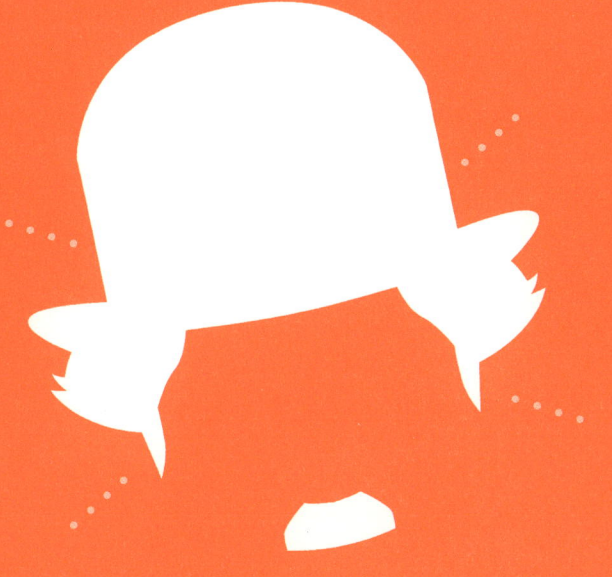

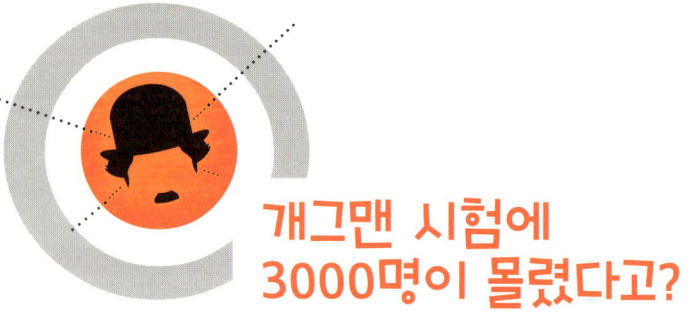

개그맨 시험에
3000명이 몰렸다고?

개그맨 되기는 과연 얼마나 어려울까? 이를 쉽게 알 수 있는 방법이 경쟁률이다. 내가 KBS 27기 시험을 볼 때 10명 정도 뽑는 개그맨 시험에 3,000명이 모였다. 경쟁률로 따지면 300 대 1, 공무원 경쟁률이 평균 72 대 1일 때였다. '와, 이거 봐. 개그맨 어렵다니까? 공무원 시험 준비나 해야겠어!'내지는 '이렇게 어려운 개그맨에 도전할 바에 가수에 도전할까?' 이런 생각을 하는 사람도 있을 것이다. 자, 지금부터 개그맨 지원 숫자의 진실을 알아보자! 내가 매년 시험장에 가서 느낀 것과 합격 후 시험 진행 요원이 되어 지원자들을 눈으로 확인한 결과다.

만약 시험에 3,000명이 지원했다고 하면 그중 호기심이나 장난으로 지원해 본 사람이 500명 정도, 정말 아무것도 모르고 무턱대고 시험 보러 오는 사람 1,500명, 방송연예과, 연극영화과, 뮤지컬과 등 개그 말고 연기에 경험

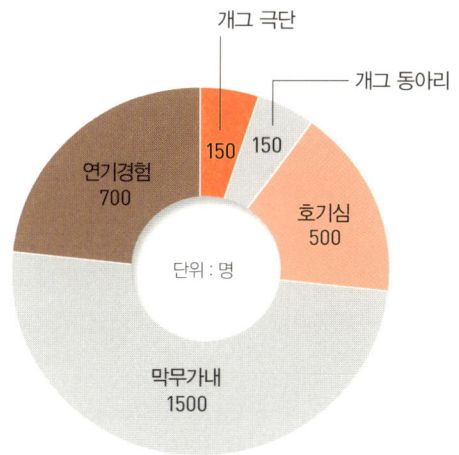

개그 극단

개그 동아리

연기경험
700

150 150

호기심
500

단위 : 명

막무가내
1500

있는 사람이 700명이다. 개그 경험이 있는 사람들은 대학로, 홍대, 청도 등 전국에 있는 개그 극단에 소속된 개그 지망생 150명, 학교 개그 동아리에서 활동하는 사람까지 합하면 300명 정도 된다.

　호기심으로 지원한 사람들은 시험 당일 안 오거나 서류 전형에서 떨어질 가능성이 크다. 그냥 장난삼아 지원했으니 당연히 서류도 정성껏 쓰지 않았을 것이다. 원서는 정성들여 쓰지 않으면 떨어진다. 3,000명의 지원자 중 1차 서류 전형에서 30% 정도가 탈락한다. 개그 지망생 중에서도 서류 심사에서 불합격하는 사람이 있을 정도다. 한편 막무가내로 시험 보러 오는 사람들은 자신감만 있지 준비 없이 그냥 온다. 와서 〈개그콘서트〉에서 봤거나 친구들 앞에서 웃겼던 개그를 그대로 한다. 심사 위원이 어느 정도 보다가 "됐습니다! 거기까지 볼게요."라고 하며 시험이 끝난다. 집에 쓸쓸히 돌아가며 '친구들은 빵빵 터졌는데 왜 안 웃지?'란 생각을 한다. 이런 사람들은 기가 죽어 다음 시험에 지원하지 않는다. 다음, 방송연예과나 연극영화과 출신들은 연기는 잘 하는데 웃기지가 않다. 이건 어쩔 수 없다. 개그 훈련이 되어 있지 않으니 당연한 결과다. 이런 사람들은 참 아쉽다. 뛰어난 연기력에 개그만 뒷받침된다면 붙을 확률이 클 텐데….

결국 시험은 개그 경험이 있는 300명 안에서 거의 결정된다. 실제로 개그 코너도 짜 보고, 관객 앞에서도 공연해 본 사람들은 심사 위원들이 보기에 무작정 온 일반인들과 확실한 차이가 난다. 3,000명이란 숫자에 겁먹지 말고 어떻게 이 사람들과 경쟁할지 생각해야 한다. 여기까지 듣고 또 '뭐야, 개그 경험자가 300명이나 있어? 그래도 30 대 1이잖아. 포기할래.'라고 생각할 사람이 있을 것 같다. 또 300명의 개그 지망생 중 시험을 많이 본 친구도 있어 시험을 몇 번 안 본 친구들은 걱정하기도 한다. 하지만 시험을 미리 봤던 지원자들이 실력은 뛰어날지 몰라도 시험 초심자들이 100% 불리한 것은 아니다.

냉정하게 말하면 시험에 한번 떨어졌다는 것은 심사 위원 눈에 부족했다는 뜻이다. 또 와도 관심 밖일 수 있다. 이런 가정을 해 보자. 두 명의 지원자 중 한 명은 이번에 처음 시험을 보고 한 명은 개그 경력이 오래되었다. 둘의 실력이 비슷하다면 누구에게 더 점수를 많이 줄까? 처음인 사람을 보면서는

'처음인데 이 정도야? 이 친구 발전 가능성 있는데?'

경력이 있는 사람을 보면서는

'이 친구는 몇 년을 했는데도 이것밖에 안 돼?'

이렇게 생각하지 않을까?

서운하게 들리겠지만 여러 번 시험에 도전해도 떨어지는 사람들은 다 이유가 있다. 경력이 많은 개그 지망생은 저런 생각을 깨는 실력을 보여줘야 한다. 매년 시험을 보러 오는데 실력이 작년과 비교해서 나아지지 않았다면? 심사 위원들은 어떻게 생각할까? '난 경력이 많으니까 조금만 웃겨도 붙겠지?'라는 생각은 절대 하지 말자.

3,000명이 지원을 하더라도 시험을 제대로 준비했다면 300 대 1의 경쟁률이 아니라 개그 경험이 있는 지망생들과의 30 대 1의 경쟁으로 좁혀진다. 요즘엔 내가 시험을 봤던 때보다 지원자들의 숫자가 줄어, 경쟁률은 15 대 1, 아니면 10 대 1로 생각하면 된다. **절대 지원자 숫자에 겁먹지 말고 합격의 주인공은 나라고 생각하고 시험 준비에 힘쓰자!**

한번 시험이 끝나면 보통 10명~12명, 많으면 15명까지 뽑는다. 그런데 모집 인원을 자세히 보면 10명, 15명, 이렇게 확실히 정해져 있지 않고 '0명' 이렇게 쓰여 있다. 이건 어느 정도 정해진 인원은 있지만 웃긴 사람이 있으면 더 뽑겠다는 뜻이다. 정말 웃기는 지원자가 있는데 방송국 입장에서 뽑지 않을 이유가 전혀 없다. 한 번 더 말하지만 경쟁률에 겁먹지 말고 어떻게 웃길지 고민해 보자. 공무원 경쟁률이 72 대 1, 연극영화과 경쟁률이 40 대 1, 대기업 경쟁률이 50 대 1이다. 어딜 가나 이 정도 경쟁률은 있고 우리는 이런 경쟁률을 뚫고 지금까지 살아왔다.

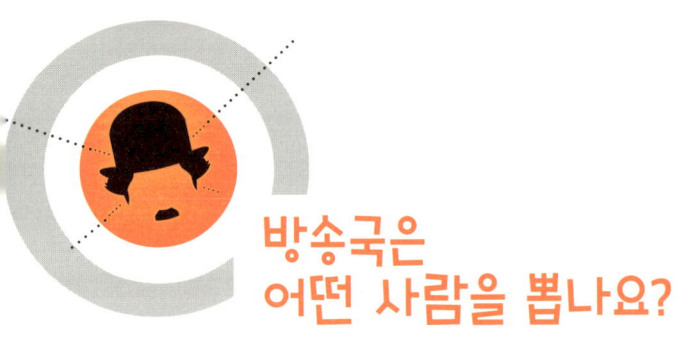

방송국은
어떤 사람을 뽑나요?

매년 방송국에서 개그맨, 개그우먼을 뽑는 이유는 무엇일까? 개그 프로그램에서 활약할 사람을 찾기 위해서고, 나아가 그 사람을 예능 프로그램에도 출연시키기 위해서다. 한마디로 '방송에서 웃길 사람을 찾는다'인데, 여기서 중요한 것이 있다.

방송을 보다 보면 자주 나오는 말이 있다.
"저희 방송국은 방송 심의 규정을 준수합니다."
방송국에서는 개그맨을 뽑아서 녹화를 해 방송에 나와야 한다. 그렇기 때문에 '방송 심의 규정을 준수해' 웃긴 사람을 뽑는다. 방송에 나오지 못하는 내용으로는 아무리 웃겨 봐야 합격할 수 없다. 과도한 욕설, 불쾌감을 주는 행동, 성적인 묘사들은 방송에 못 나온다. 여기에 더해 대부분의 개그 프로그램 시청 나이가 15세 이상이기 때문에 19세 미만 시청 금지일

법한 내용으로는 아무리 웃겨 봐야 불합격이다. 정말 웃겨서 심사 위원이 그것 말고 '다른 것' 없냐고 물어볼 순 있지만 방송용 개그의 의미 자체를 모른다면 "아 다른 것? 더 야한 농담? 그래, 이렇게 하면 되겠다!"라고 잘못 생각할 수 있다.

방송 진출의 꿈을 갖고 있는 사람이라면 지금부터 친구들끼리 장난칠 때도 '방송용'을 생각해야 한다. 그래야 나중에 녹화 중에 나도 모르게 나오는 실수를 없앨 수 있다. 욕을 하루 종일 입에 달고 사는 친구가 있었는데, 욕 좀 하지 말라고 하면 "욕? 괜찮아, 내가 안 하면 안 하는 거지!"라고 말하기에 딱 1시간만 욕을 하지 말아 보라고 했다. 그 친구는 1시간 동안 묵언 수행하시는 스님보다 말이 없었다. 물론 갑자기 친구들과의 대화를 방송용으로 바꾸라고 하면 답답할 수 있다. 하지만 미래의 개그 무대에서 활약하는 상상을 하면서 지금부터 방송 조기 교육을 하자.

개그맨 시험에서 뽑히는 사람은 두 종류다. **웃겨서 뽑히는 사람**과 **발전 가능성이 있는 사람.** 웃겨서 뽑히는 사람은 시험 볼 때 확실히 안다. 심사 위원들이 배꼽 잡고 웃고, 많은 질문을 한다. 이런 사람들은 시험이 끝나면 느낌이 확실히 온다.

"좋았어, 난 붙었다!"

한편 발전 가능성이 있는 사람은 심사 위원이 크게 웃진 않아도 관심을 많이 보인다. 개그 경력은 얼마나 되었나? 지금 어디서 연습하고 있나? 개그를 왜 하려고 하나? 등 질문을 많이 한다. 시험장에서 웃기지 않았다고 생각했는데 합격한 사람들이 있다. 심사 위원들이 몇 년에서 몇십 년간 개그맨을 보아 온 눈으로 가능성을 보고 뽑는 것이다. 심사 위원들은 오랫동안 개그 시험을 심사해서 그런지 다이아몬드 원석을 찾아내는 눈이 있다. 그렇게 뽑힌 사람들은 시간이 지나 방송국에 적응하면 많은 활약을 한다.

안영미 선배는 KBS 19기 시험 때 최종까지 갔다. 19기는 레전드 기수로 불리는데, 유세윤, 유상무, 장동민, 안상태, 황현희, 김대범, 강유미 등 쟁쟁한 지원자들이 많았다. 시험도 4차까지 볼 정도로 치열했다. 안영미 선배가 그 긴장감 넘치는 상황에서 여유 있게 다른 지원자가 시험 보는 모습을 보며 해맑게 웃고 있기에 심사 위원이 '이 상황에서 저 정도로 긴장을 안 하다니, 무대에서도 긴장 하나도 안 하고 잘하겠네.'라고 생각해서 합격시켰다고 한다. 그 결과는 우리가 아는 바와 같다.

일단 우리의 목표는 방송용 개그로 심사 위원들에게 웃음을 줘서 기분 좋게 붙는 '웃겨서 뽑히는 사람'이다. 다음 장에서 알아보자!

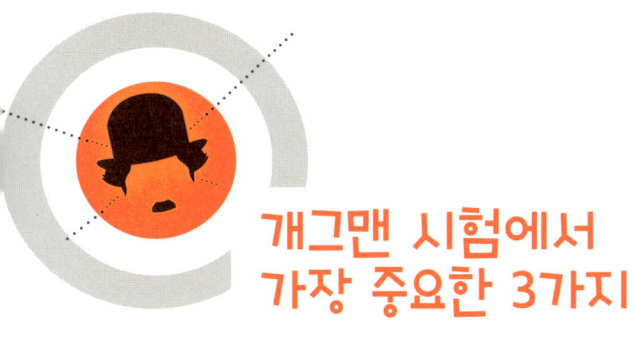

개그맨 시험에서
가장 중요한 3가지

개그맨 시험에서 가장 중요한 것은 첫 번째가 **웃음**, 두 번째가 **신선함**, 그리고 마지막이 제일 중요한 **자신감**이다.

웃음이야 개그맨 시험이기 때문에 당연하고 신선함은 앞으로 프로 개그맨이 되어서도 계속 생각해야 한다. 신인 개그맨이라면 더 중요하다. 비슷하게 웃겨도 신선함이 있는 새로운 개그로 웃겼다면 점수를 더 받을 수밖에 없다. 하지만 시험에서 제일 중요한 것은 자신감이라고 생각한다. "웃기면 최고 아냐? 자신감이 그렇게 중요해?"라고 생각할 수 있는데, 시험장에서 시험 진행 요원을 하다 보면 안다. 시험장에 들어오는 사람의 90%가 긴장을 한다. 본인은 아니라고, 편안하게 했다고 하겠지만 긴장하지 않고 편하게 하는 사람들은 10%밖에 되지 않는다. 아니, 거의 없다.

내 눈에도 차이가 보이는데 몇 년간 수많은 개그맨 지원자를 본 심사 위원들에게는 어떻게 보일까? 여러분들이 시험장 문을 열고 걸어오는 모습만 봐도 안다. 그렇기 때문에 문을 열고 들어오는 순간부터 자신 있게 어깨 쫙 펴고 당당하게 들어와서 개그를 해야 한다. 같은 내용의 개그라도 자신감 있게 하느냐, 안 하느냐는 하늘과 땅 차이다. 심사 위원과 만나는 5분, 그 5분간만 세상에서 제일 웃긴 사람이 되면 된다.

KBS 27기 합격 후 동기들과 시험 이야기를 했다. 서로 어떤 개그로 붙었는지 이야기했는데, 누군가 장난으로 동기 김현기에게 "넌 그 실력으로 어떻게 들어왔냐? 사기 쳤지?"라고 했다. 그러자 현기는 이런 이야기를 했다.

"그래, 난 시험 때 심사 위원을 속였어! 5분만 속이면 돼! 누가 속으래?"

동기들은 웃었지만 난 그때 그 말이 맞다고 생각했다. 시험장 문을 열고 들어가면 말 그대로 "어디 한번 웃겨봐." 분위기다. 이런 분위기에서는 프로 개그맨도 긴장하게 되는데 시험을 처음 보는 사람이라면 말할 것도 없다. 분위기에 겁먹지 말고 어떻게 하면 웃긴 사람으로 보일지 고민해야 한다.

예전에 〈KBS 개그사냥〉이란 프로그램이 있었다. 개그 지망생들을 모아 경연을 벌이고 우승팀도 가리는 프로그램인데, 내가 개그를 시작한 프로그램이기도 하다. 첫 녹화 전 떨고 있던 나에게 김미화 선배님이 평생 잊지 못할 조언을 해 주셨다.

"무대에 오를 땐 내가 최고라고 생각해!"

선배님의 이 말씀을 시험장에 맞게 바꾸면

"시험장에 들어갈 땐 내가 최고라고 생각하자!"

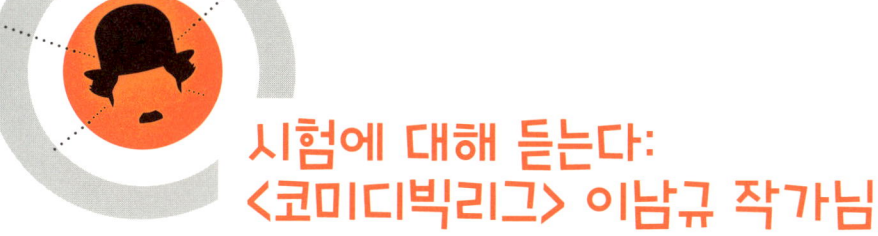

시험에 대해 듣는다:
<코미디빅리그> 이남규 작가님

이남규 작가님은 2007년 KBS 연예대상 코미디부문 방송작가상을 수상하시고 KBS <개그 스타>, <웃음 충전소>, <개그콘서트> 등 수많은 개그 프로그램을 담당하셨다. 현재 tvN <코미디빅리그> 작가로 활동하고 계신다. 다년간 개그맨 시험 심사 위원을 하신 이남규 작가님이 말씀하시는 개그맨 시험은 이렇다.

서류 심사에서는 '이상한 사람'을 골라낸다.

개그맨 시험 때 방송국에 낸 서류를 보고 방송에 맞지 않는 '이상한 사람'을 골라낸다. 여기서 이상한 사람이란 이상하게 웃긴 사람이 아니라 혼자만의 세계에 빠져 있는 사람을 말한다. 개그는 일단 전달이 돼야 하는데 자신만의 세계가 확고한 사람은 와서 다른 사람이 알 수 없는 개그를 한다.

개인기로 구사일생할 수 있다.

시험 합격 점수를 80점이라고 하면 60점 정도 될 때 시키는 것이 개인기다. 합격과 불합격을 결정하기 애매한 상황에서 시켜 본다. 개인기를 못한다고 점수가 깎이진 않지만 잘하면 점수가 더해져 합격할 수 있다. 하지만 정말 웃긴 개인기가 있다면 차라리 그것을 이용해서 개그를 짜는 것이 좋다.

시험은 방송국에 나를 파는 일이다.

시험을 치는 것이 아니라 영업을 한다고 생각하자. 내가 제일 잘 할 수 있는 것을 개그로 만들어서 방송국에 나를 팔자. '저 지원자는 지금까지 봤던 사람 중 아줌마 연기를 제일 잘하니까 뽑자' 혹은 '춤에 특기가 있는 지원자가 없었는데 저 친구는 눈에 띄네!' 이런 식으로 생각하게 만들자.

SBS는 합격해도 KBS는 떨어질 수 있다.

시험은 실력이 70이면 운이 30 정도 된다. 시험장의 심사 위원도 다르고 분위기도 다르니까.

좋은 에너지와 나쁜 에너지를 구분하자.

개그맨 시험이니 에너지 넘치는 것은 좋다. 하지만 웃기진 않고 에너지만 넘치면 오히려 심사 위원에게 부담만 준다. 웃긴 사람이 에너지도 넘치면 '뽑아 놓으면 뭐라도 하겠네.'라고 생각하지만 웃기지 않는데 흥분해서 시끄럽게 소리만 지르면 그냥 시끄러운 사람일 뿐이다.

* 개그맨 시험장의 심사 위원은 여러 명입니다. 시험에 대한 절대적인 의견이 아닌 개인적 의견이니 참고 부탁 드립니다.

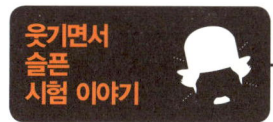

그놈이 너였어?

KBS에 처음 들어갔을 때 감독님이 서수민 감독님에서 김상미 감독님으로 바뀌었다. 우리를 처음 본 김상미 감독님은 우리의 특징을 모르셔서 어떤 개그를 잘하고, 무엇으로 시험을 봐서 붙었는지 다 같이 모여 이야기했다.

다들 돌아가며 시험 때 이런 개그를 했다고 말씀드렸고, 감독님은 한 명씩 돌아가면서 우리의 첫인상은 어땠고 어떤 개그를 했으면 좋겠는지 조언해 주셨다. 특히 동기 중 인석이 칭찬을 많이 하셨다.

"인석이는 참 애가 바르고 인상이 좋아 보여? 가정 교육을 잘 받았나봐?"
"예, 아버님이 교장 선생님이셨습니다."
"아 역시~ 넌 젠틀한 개그가 잘 어울리겠다."
"감사합니다."

그러다 누군가 매년 그렇게 수많은 지원자들을 심사하다 보면 피곤하지 않은지 물었는데 감독님이 말씀하셨다.

"물론 피곤하기도 하지만 다른 사람의 인생이 걸린 문제니까 정신 차리고 심사하지. 근데 가끔 정말 이상한 사람들이 시험 보러 올 때가 있어. 몇 년 전인가 어떤 사람이 있었냐면, 멀쩡하게 생긴 애가 들어와서 개그를 하는데 막 혼자 욕을 하는 거야. 쉬지 않고 욕을 하면서 개그를 해. 처음에 잠깐 하다 말겠지 했는데 결국 준비한 개그 끝날 때까지 욕을 하더라고. 심사 중에 그런 사람 오면 정말 피곤하다니까. 근데 되게 뿌듯해 하면서 나가더라? 붙을 줄 알았나봐. 진짜 이상한 놈이었다니까. 지금 어디서 뭐하나 몰라? 그런 애들은 개그 하면 안 돼."

듣고 있던 동기들은 진짜 시험장에 별 사람이 다 있다며 빵 터졌다. 근데 딱 한 사람만 안 웃고 있었다. 젠틀한 유인석이… 혼자 귀까지 빨개져서 손을 들며 말했다.

"죄송합니다. 그놈이 저였어요…"
"뭐? 그게 너라고? 너 왜 그런 개그를 했냐?"
"영화 패러디였는데요… 재미있을 줄 알고 그랬습니다."
"그놈 어디서 뭐하나 했더니 여기 있었네!"

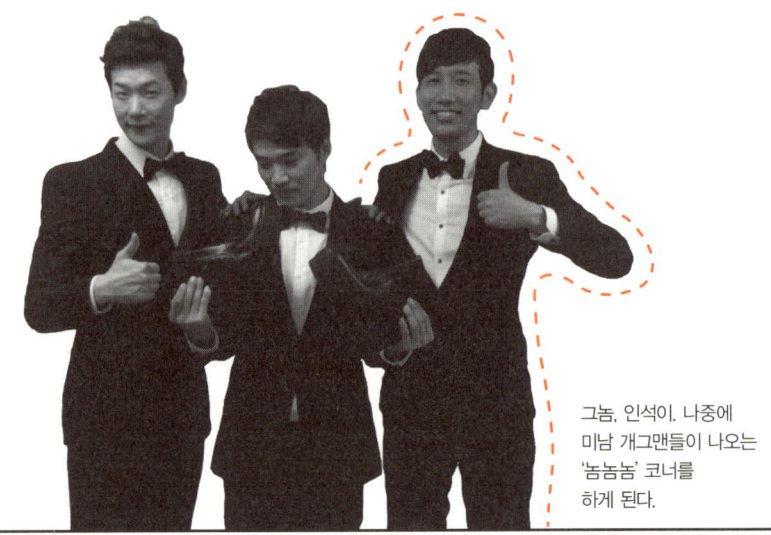

그놈, 인석이. 나중에
미남 개그맨들이 나오는
'놈놈놈' 코너를
하게 된다.

3장

시험 30일 전

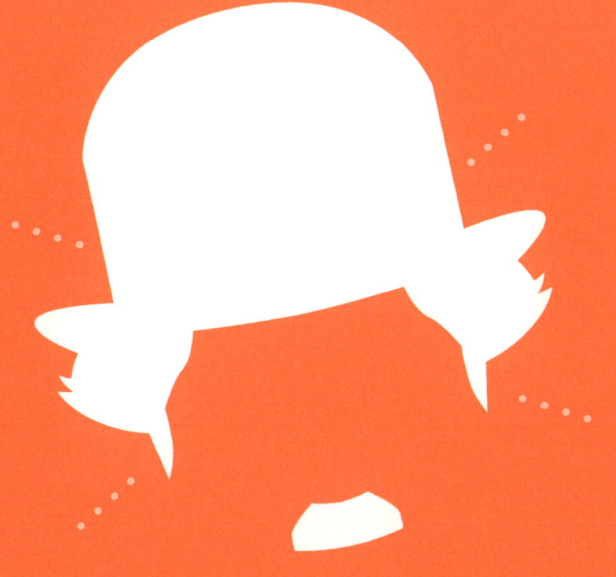

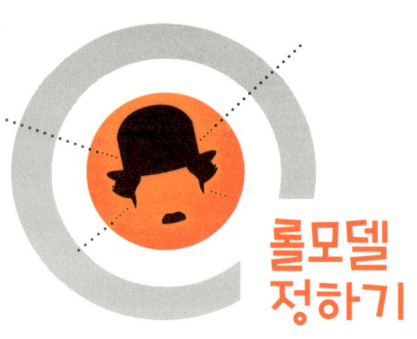

롤모델
정하기

개그맨 시험을 보기로 마음먹었다면 나의 롤모델부터 정하자. 무턱대고 개그를 생각하려면 너무 막막하다. 일단 평소에 내가 좋아했던 개그맨, 개그우먼들을 찾고 그중에서 닮고 싶은 개그 스타일을 정한다. 그러면 앞으로 내가 어떤 방향의 개그를 만들어야 할지 알 수 있다. 어디서부터 시작해야할지 모르겠다면 다음의 롤모델 따라잡기 3단계를 해보자.

1단계

자료 찾기

롤모델의 자료를 최대한 많이 찾자. 개그 영상도 좋고, 인터뷰도 좋고, 책도 좋다. 개그 영상을 보면서 이 사람이 어떤 방법으로 웃기는지, 이 사람만의 무기는 무엇인지 자세히 보자. 그동안 롤모델이 방송에 나올 때 가볍게 웃고 넘어갔다면 지금부터는 어떻게 웃기는지 분석하면서 봐야한다. 개그맨, 개그우먼마다 개그 스타일이 있다. 인터뷰나 책을 보면 그 사람들이 어떻게 연습하고 어디서 아이디어를 얻는지 힌트를 얻을 수 있다. 최양락 선배님의 경우 어릴 적부터 개그를 연습했고 개그 프로그램에 출연할 때는 설악산 같은 곳으로 혼자 떠나서 새 코너를 짜왔다고 한다. 그 정도로 철저히 개그를 연구했다.

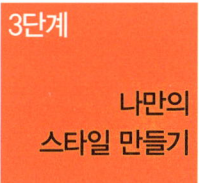

2단계

무작정 따라 하기

개그를 일단 해 보면 안다. 쉬워보이던 개그 프로그램이 막상 할 때는 얼마나 어려운지. 간단한 개그라도 따라 해 보면 방송으로 볼 때의 느낌도 안 살고 영 모양새가 이상하다. 내가 정한 롤모델이 여럿이라면 이 사람 저 사람 바꿔가면서 다양한 개그를 따라 해 보자.

3단계

나만의 스타일 만들기

따라 해 본 개그 스타일 중 정말 아닌 것은 뒤로 미뤄 놓고, 그래도 원본과 어느 정도 비슷한 느낌이 나는 개그를 정하자. 거기에 다른 선배의 개그 스타일과 합하거나 바꿔서 나만의 스타일로 다시 만들어 보자.

아이디어를 생각할 때나 연기가 잘 되지 않을 때 롤모델을 생각하자.
'이럴 때 이 선배라면 어떻게 할까?'
'연기는 이런 식으로 하겠지?'
그 선배가 되어 생각하다 보면 실마리를 찾을 수 있다.

신동엽 선배의 재치있는 애드리브
 김준호 선배의 콩트 개그   를 닮고 싶다.
 박성광 선배의 유행을 읽는 아이디어

| 1단계, 자료 찾기 |

신동엽 선배님의 방송을 보면서 애드리브를 적는다.
김준호, 박성광 선배님이 출연했던 개그 프로그램을 보면서 연기와 아이디어를
본다.
기사 인터뷰를 찾아보며 개그 연기에 대한 철학을 배운다.

| 2단계, 무작정 따라 하기 |

김준호 선배님이 했던 코너 '감수성', '꺽기도', '뿜엔터테인먼트' 등을 보며
그대로 따라 해 본다.

| 3단계, 나만의 스타일 만들기 |

나는 '감수성' 같은 정통 연기가 들어가는 코너보다는 '꺽기도' 같은 코너가
더 잘 맞는 것 같다. 여기에 박성광 선배처럼 요즘 유행하는 코드와 나만의
독특한 상상력이 있는 개그를 섞어 보자!

아직 롤모델도 없고 어떤 스타일의 개그를 해야 할지 모르겠다면? 나의
캐릭터 분석을 해보자.

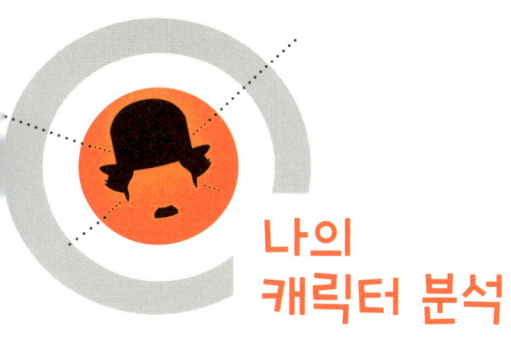

나의
캐릭터 분석

개그 프로그램에는 수많은 개그맨, 개그우먼들이 나온다. 나는 어떤 캐릭터로 사람들을 웃길 수 있을까? 잘생긴 사람이 개그계에서 말하는 '축복받은 얼굴'인 웃기게 생긴 개그맨과 같은 스타일의 개그를 한다면? 관객들에게 거부감을 줄 것이다. 나를 알아야 남들을 웃길 수 있다. 자, 지금부터 거울을 보고 내가 어떤 캐릭터인지 천천히 살펴보자.

웃기게 생겼다 vs. 안 웃기게 생겼다.

자신의 얼굴을 살펴볼 때는 객관적이어야 한다. 오나미 선배는 인터뷰에서 개그우먼이 되기 전까지 자신이 못생겼는지 몰랐다고 했다. 실제로 보면 방송에 나오는 모습보다 예뻐서 다들 깜짝 놀라긴 한다. 하지만 단지 '방송에 나오는 모습보다' 예뻐서다. 혼자 생각하지 말고 객관성을 위해 다른 사람에게 물어보자.

말을 잘한다 vs. 연기를 잘한다.

말솜씨가 좋은지 연기를 잘 하는지 파악해야 한다. 개그 프로그램을 자세히 보면 연기를 주로 하는 개그맨이 있고 말로 하는 개그 형식을 좋아하는 개그맨이 있다. 시험이 얼마 남지 않은 상황에서 갑자기 연기 학원을 다닐 수도 없으니 일단은 내가 잘하는 것에서 출발해야 한다. 그래야 경쟁에서 좋은 위치를 차지할 수 있다.

좋은 아이디어가 잘 생각난다 vs. 생각이 나지 않는다.

아이디어가 좋은 친구들이 있다. 천부적인 재능이거나 어릴 때부터 개그 프로그램을 많이 봐서 나도 모르게 훈련이 되어 있거나, 주위에 재밌는 사람이 많아 좋은 개그 환경에 있던 사람들이다. 아이디어가 잘 생각나지 않는 사람은 바로 다음 장의 '아이템 짜는 법'을 보고 훈련을 시작하자. 아니면 주위에 번뜩이는 아이디어를 가진 친구와 팀을 이뤄 개그를 짜는 것도 좋은 방법이다.

유재석 선배님은 신인 때 개그 콩트 연기는 잘 못했다고 인터뷰에서 말했다. 하지만 말과 진행을 너무 재미있게 잘해 〈서세원쇼〉에서 토크왕도 하고, 예능에서 실력을 인정받아 국민 MC의 자리에 올랐다. 국민 MC가 시켜준다고 되는 건가? 진행 부분에서 최고가 되어야 할 수 있다. 유재석 선배님이 계속 콩트 연기만 고집했다면 어떻게 됐을까? 본인 캐릭터 분석을 잘한 가장 좋은 예다.

지금 앉아서 장점과 단점을 종이에 써보자. '장점: 말을 잘한다, 외모가 깔끔하다, 웃기게 생겼다, 닮은 연예인이 있다/단점: 긴 대사는 못 외운다, 사투리가 있다' 등 자유롭게 써보자. 그런 다음 개그 프로그램을 보고 나와 비슷한 캐릭터를 가진 사람은 어떤 개그를 하는지 관찰하고, 시험을 볼 때 어떤 개그를 했을지 상상해 보자.

　단점이 꼭 나쁜 것만은 아니다. 개그맨은 자신의 단점을 이용해서 웃길 수 있다. 양상국 선배의 경우 사투리를 쓴다. 그래서 표준어 연기는 못하지만 재미있는 사투리 말투로 '서울메이트' 코너에서 큰 웃음을 줬고, 이수근 선배는 키 작은 것을 이용해 '키컸으면' 이란 코너를 만들었다. 닮은꼴 연예인이 있다면 그것도 잘 이용할 수 있다. 정태호 선배는 시험을 볼 때 가수 나훈아를 닮은 걸로 개그를 짰다. 그 당시 큰 이슈가 됐던 나훈아 기자 회견을 패러디해서 합격했고 방송에도 바로 나왔다. 요즘 주목받는 인물 중 닮은 사람이 있다면 그 캐릭터로 개그를 짜 보자.

나의 캐릭터 분석	
외모	
말투	
연기	
아이디어	
닮은 사람	
개인기	
별명	
단점	
장점	

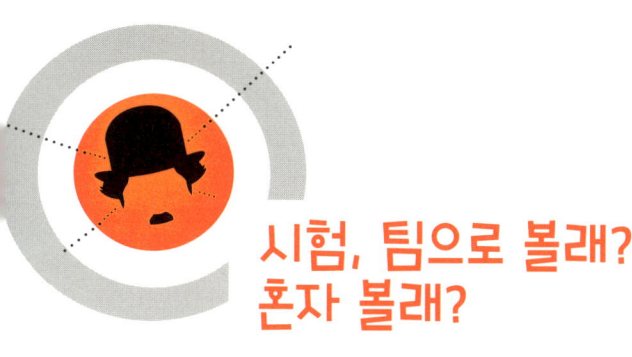

시험, 팀으로 볼래?
혼자 볼래?

"127번 오기환 개인입니다."

"245번 오기환 245-1번 강현욱 팀입니다."

"378번 최호진 개인입니다." "도우미입니다."

시험장에서의 첫 인사는 이렇게 시작한다. 처음에 나의 번호와 이름을 말하고, 개인으로 시험을 보는지 팀으로 보는지 말해야 한다. 또 도우미는 지원자의 소개가 끝나면 손을 들고 도우미라고 말한다. 그래야 심사 위원들이 실수하지 않고 점수를 줄 수 있다. 시험장에 워낙 많은 지원자들이 오기 때문에 자신의 번호를 확실하게 말해야 한다.

시험을 보는 방법은 개인, 팀, 도우미 3가지가 있다. 개인은 혼자 들어가서 시험을 보는 방법이다. 혼자 다 해야 하기 때문에 시험을 처음 보는 사람에게는 어려운 방법일 수 있다. 무엇보다 혼자 할 때는 팀을 이뤄서 할 때보다 몇 배 더 긴장된다. 하지만 심사 위원의 시선을 나에게만 집중시킬 수 있다는 장점이 있다. 보통 시험 시간이 3분 정도인데, 혼자서 이 시간을 다 쓸 수 있다.

팀은 2명이나 3명 정도가 모여서 개그를 보여주는 방법인데, 사실 팀원 수의 제한은 없다. 처음 가 보는 시험장에 함께하는 팀이 있다면 개인으로 시험 볼 때보다 긴장을 많이 늦출 수 있다. 그렇지만 3분의 시험 시간을 팀원과 나눠 써야 한다. 5명이 팀이라면 3분의 시간 안에 5명이 모두 각자의 장단점을 보여줘야 하기 때문에 정말 재미있는 개그가 아니면 팀원 중에서도 눈에 띄는 사람이 뽑힌다. 또 팀원이 실수를 하면 나에게까지 영향을 미치기 때문에 연습을 더 많이 해야 한다.

도우미를 써서 시험을 보는 경우가 제일 많은데, 내가 만든 개그에 나 말고 역할이 더 필요하다면 그 역할을 해 줄 사람을 도우미로 데려가는 방법이다. 여기서 주의할 점은 도우미보다는 나를 위주로 한 개그를 해야 한다는 점이다. 자칫하면 텔레비전에서 영화배우나 탤런트가 말하는 '친구 오디션 따라갔다가 우연히 붙었어요~'처럼 된다. 도우미가 아무리 웃겨도 본인은 합격할 수 없다. 대학로나 홍대의 개그 극단에 있는 개그 지망생들은 서로 도우미를 해 주지만. 시험을 처음 보는 사람들은 인터넷 개그 지망생 모임 카페나 주위에 시험을 보려는 사람 중에서 도우미를 찾아야 한다.

서로 도우미를 해 주기로 했다면 지원 번호를 떨어뜨려 놓아야 한다. 내 번호가 75번이고 도우미 번호가 77번이라면 도우미는 내 시험을 도와주고 본인 시험을 준비할 여유가 없다. 들어가기 전에 연습할 시간도 생각해야 하고, 10번 정도 떨어트려 놨다가 만약 둘 다 2차 시험에 붙어서 3차를 간다면 2차에서 떨어진 사람 번호가 빠지기 때문에 또 여유가 없어진다. 때문에 최소 50번은 떨어뜨려 놔야 서로 지장이 없다. 내 번호가 75번이라면 도우미는 120번 정도가 적당하다.

여기서 주의할 점이 있다. 2차 시험 때는 사람이 많아 시험장을 두 팀으로 나눠서 보는 경우가 있다. 1번부터 100번은 A팀, 101번부터 200번은 B팀, 이런 식으로 동시에 시작하는데 내 번호가 10번이고 도우미 번호가 110번 대라면 순서가 비슷해서 도우미를 해 줄 수 없다. 이럴 땐 빨리 진행 요원에게 말해서 순서를 조정해야 한다. 그리고 혹시 점수를 더 받을 수 있을까 해서 튀는 행동을 하는 도우미가 있는데, 점수는 시험이 끝나자마자 컴퓨터로 입력되기 때문에 소용없는 짓이다. 서로 그런 행동은 하지 않기로 약속하자. 도우미도 팀과 마찬가지로 호흡이 잘 맞도록 연습해야 한다.

	좋은 점	주의할 점
팀	긴장을 줄일 수 있다.	심사 위원의 시선이 분산된다. 팀원의 실수가 나에게까지 영향을 준다.
개인	심사 위원의 시선을 혼자 받을 수 있다.	시험이 처음이라면 긴장이 많이 된다. 혼자서 모든 것을 다 해야 한다.
도우미	팀과 개인의 장점을 합쳤다.	도우미가 튀는 행동을 하면 시선을 뺏긴다. 서로 겹치지 않게 번호를 신경 써야 한다.

세 가지 방법 중 합격률이 높다고 정해진 방법은 없다. 시험을 처음 보는데 개인으로 지원해서 당당히 붙은 사람도 있고, 시험 본 팀원 전부 다 붙은 경우도 있다. 나의 개그에 가장 잘 맞는 방법을 선택해서 작전을 짜면 된다. 선배들 중 박성광, 박영진 선배의 경우 지망생 때부터 팀으로 활약을 했다. 처음에 팀으로 지원한 시험에서 둘 다 떨어지자 그 다음 해 시험에서는 작전을 바꿨다. 각자 개인으로 지원하되 서로 도우미를 해주는 방법으로. 두 명이 합숙하면서 시험 볼 때 쓸 개그 아이템 회의도 하고 연습도 하며 같이 준비한 끝에 둘 다 합격할 수 있었다.

시험을 어떻게 볼지 정하면 앞으로 시험 준비를 어떻게 할지가 결정된다. 그러니 신중히 선택해야 한다. 준비한 개그에 상관없이 친하거나 옆에 있다고 해서 같이 팀으로 시험을 보려는 생각이면 떨어질 가능성이 크다. 심사위원들에게 최대한 나의 장점을 잘 보여줄 수 있는 방법으로 정하자!

만약 팀으로 시험 준비를 하기로 결정했다면 팀원과의 관계가 매우 중요하다. 같이 시험 준비를 하다 보면 팀원과 싸울 일도 많고 마음 상할 일도 많다. 하지만 시험에서 믿을 사람은 역시 나와 같이 시험장에 들어가는 개그 파트너다. 서로 기본적인 규칙은 정해놓는 편이 마음 상하지 않는다. 아래 3가지만 지켜도 큰 문제없이 시험 준비를 잘 할 수 있다.

첫째, 시간을 잘 지키자.
방송 일은 특히 시간에 민감하기 때문에 처음부터 습관을 잘 들여야 한다. 회의 시간을 잘 지키지 못하면 선배든 후배든 환영받지 못한다.

둘째, 의견을 존중하자.

사람마다 재밌다고 생각하는 내용이 다르기 때문에 "야 그게 뭐야 완전 별로야." 내지는 "이상해 너 지금 장난하냐?" 이런 식으로 말해버리면 시험을 앞두고 싸우게 된다. 무작정 별로라고 하기보다는 그 아이디어에 새로운 아이디어를 보태거나 다른 아이디어를 말하는 것이 낫다. "재밌다, 나쁘지 않은데? 이런 건 어때?", "거기에 이렇게 하면 더 웃길 거 같은데." 등 서로 기분 좋은 회의 분위기를 만들어서 아이디어를 계속 나오게 해야 한다. 시험이 다가오는데 싸우고 낭비할 시간이 없다. 또 상대방이 아이디어를 말하는데 대충 듣거나 휴대 전화로 게임을 하거나 하면 말하는 사람도 기운 빠지고 재미있는 아이디어가 나오지 않으니 주의하자.

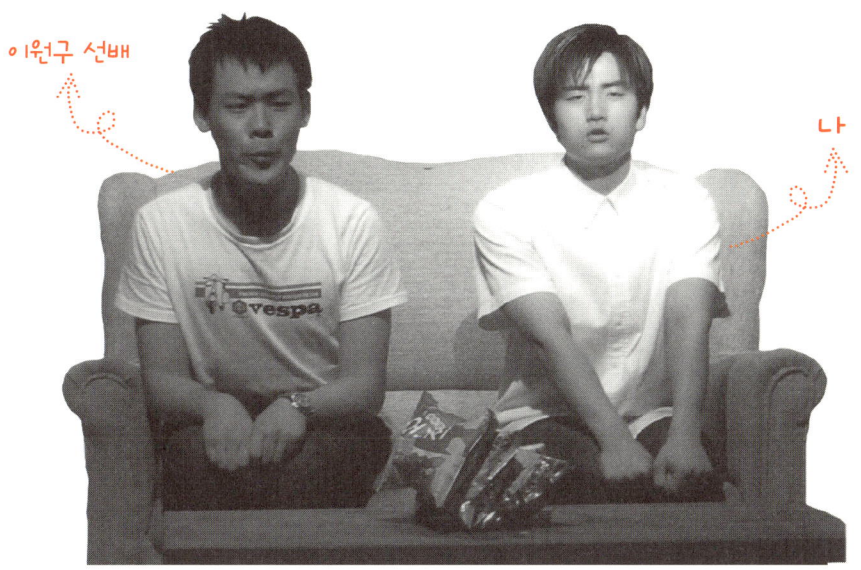

이원구 선배

나

나의 첫 개그 팀이다. 둘 다 개그를 처음 시작했을 때라 열정도 있고 마음도 잘 맞아서 같이 하는 동안 한 번도 다툰 적이 없다.

셋째, 서로 최고라고 말해주자.

개그는 자신감이다. 안 그래도 시험을 앞두고 불안한데 파트너마저 실력을 깎아내리는 말을 하면 둘 다 손해다. 시험을 같이 보기로 마음먹었다면 서로 자신감을 북돋아줘서 최고의 결과를 만들어 내자.

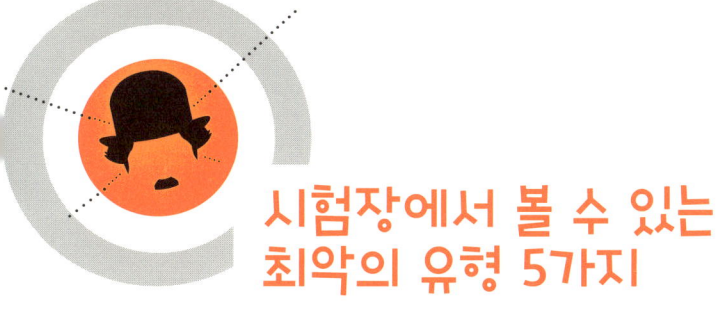

시험장에서 볼 수 있는 최악의 유형 5가지

시험장에는 정말 다양한 사람들이 등장한다. 자신의 개그 스타일을 잘 점검해보고, 아래 유형 중 하나라도 해당하는 것이 있다면 빠르게 고치자. 심사 위원의 눈에는 물론이고 누가 봐도 좋은 결과를 얻기 힘들다.

첫째, 예언자형

무턱대고 들어와서 "3차에서 보여드리겠습니다."라고 당당하게 말하는 사람들이다. 그런데 이 방법은 벌써 몇 년 전부터 앞에서 시험 본 사람들이 많이 했던 수법이다. 이런 사람들은 3차에서 보여주기보다는 나중에 따로 친구들 앞에서 보여줄 기회가 주어진다.

둘째, 얼리어답터형

스피커에 모니터까지 들고 와서 최첨단 개그라고 보여준다. 도구 설치에만 5분이 넘어간다. 개그가 재미있다면 상관없는데 재미없을 때가 문제다. 설치하는 동안 기대는 점점 커지고, 막상 보면 재미없는 개그가 많다.

셋째, 고성방가형

소리만 고래고래 지르고 나간다. 그냥 시끄럽기만 한 개그다. 이렇게 소리만 지르는 사람들의 특징은 대사를 뭐라고 하는지 잘 알아들을 수 없다는 점이다. 무슨 소리인지 알아야 웃는데 알 수가 없다. 많은 지원자들을 심사하는데 지친 심사 위원들이 제일 싫어하는 유형이다.

넷째, 특수분장형

시험 보기 전 다른 방송 촬영을 다녀온 게 아니었을까 싶을 정도로 과한 분장을 하고 등장한다. 지원자의 분장 능력을 보는 것이 아니고 개그를 보는 시험인데 막상 개그는 미흡한 경우가 많아서 아쉽다. 이런 지원자가 오면 심사 위원은 접수한 사진과 비교해 보느라 바쁘다.

다섯째, 소곤소곤형

정말 작은 목소리로 말한다. 귀를 잘 기울여야 개그의 내용을 들을 수 있다. 들어와서 서로 마주 보며 이야기하고 나간다. 이런 사람들은 심사 위원들이 개그에 집중하지 못하고 서로 물어본다. "뭐라고 한 거야?" 아니면 제출한 대본을 본다.

모범적인 시험 응시자는 당당히 들어와서 "안녕하십니까, 지원 번호 몇 번 누구누구 시작하겠습니다!"라고 인사한 뒤 준비한 개그를 실수 없이 잘

하고 개인기도 멋지게 하고 나간다. 2차 때는 다들 잘해야겠다는 생각이 도를 넘어 지나칠 수 있는데, 중심을 잡고 준비한 개그를 잘 보여준다면 무사통과다. 시험 때 특히 긴장을 한다면 자신만의 긴장 푸는 법을 만들어야 한다. 들어가기 전에 따뜻한 차를 마신다거나, 심호흡을 한다거나, 음악을 듣는다거나 하면서 긴장을 풀자. 대사를 확실히 외웠고 연습도 많이 했다면 이제 중요한 것은 들어가서 실수를 하는지, 안 하는지다. 만약 실수를 했다면 "당황하지 말고~" 틀린 곳에서부터 다시 시작하면 된다. 괜히 "죄송합니다."라고 하거나 머뭇거리면서 '어떻게 할까요?'라는 눈빛을 보내봤자 "됐습니다. 다음 지원자 들어오세요."라는 말만 듣는다.

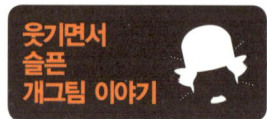
우린 팀이야!
너 혼자 붙으려고?

시험을 개인으로 볼 때는 상관이 없지만 팀으로 볼 때는 이런 문제가 생긴다. 웃긴 부분이 여러 개 있다면 서로 나눠서 하는데 심사 위원이 언제 "됐습니다."라고 끊을지 모르는 것이다. 그래서 너 한 번, 나 한 번, 이렇게 웃긴 내용을 번갈아 가며 한다.

KBS 21기 시험 때 팀으로 시험을 봤던 강현욱, 이혜석이란 콤비가 있었다. 혜석 형이 시험을 앞두고 건망증이 심해졌다. 한번은 〈KBS 개그사냥〉이란 아마추어 개그 프로그램에서 개그를 하는데 혜석 형이 현욱 형 연기에 써야 될 소품을 까먹고 치워 버려서 녹화 중 NG가 났다. 녹화가 끝난 후 현욱 형은 너 시험 볼 때도 까먹는 것 아니냐고 걱정했고, 혜석 형은 시험 볼 때는 정신 차려서 시험 보겠다고 다짐을 했다.

드디어 시험 당일, 서로 웃기는 사람을 바꿔가며 15초 이내의 짧은 개그를 여러 개 보여주는 일명 '브릿지 개그'를 준비했다. 이전에 했던 〈개그콘서트〉의 '줌인줌아웃' 같은 코너였다. 그런데 처음 웃긴 역할을 혜석 형이 하고, 그 다음 현욱 형 차례였는데 혜석 형이 그걸 건너뛰고 자기 웃긴 역할 대사를 시작해 버렸다! 당황한 현욱 형은 중간에 멈출 수도 없어서 혜석 형이 웃긴 부분을 또 했다. 그 다음에야 자신이 웃기는 부분을 하려고 했는데 심사 위원은 거기까지만 보고 개인기를 시켰다. 이번에도 혜석 형이 먼저 축구 중계 위원 개인기를 했다. 그런데 웃기려는 마음이 앞섰는지 마지막에 "야 그걸 못 넣냐? 이 XXX야

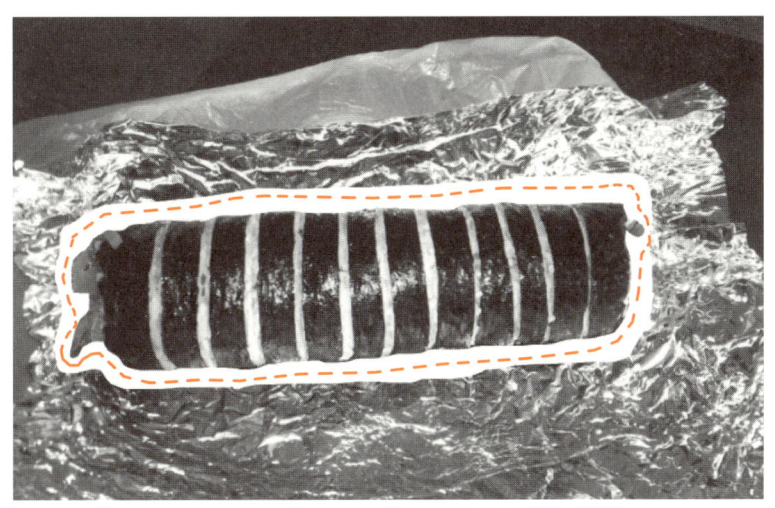

～"라고 욕을 해 버렸다. 심사 위원은 화를 내며 둘을 쫓아냈다.

　"아마추어라도 방송을 했던 사람들이 어떻게 시험 중에 욕을 해요? 됐습니다. 나가세요! 다음 팀 들어오세요!"

　결국 현욱 형은 아무것도 못하고 쓸쓸히 나왔고, 혜석 형은 계속 사과했다.

　"야 어떻게 시험 때 대사를 까먹냐? 우린 팀이야! 너 혼자 붙으려고?"

　"미안하다, 난 내가 네 부분 건너뛴 줄도 몰랐어… 그래도 너 연기는 잘했으니까 2차 시험은 붙을 거야, 좋게 생각하자. 이거 봐, 네 부분에 쓰려고 했던 소품용 김밥은 그대로 있어～ 이건 네가 다 먹어."

　"그래 2차는 붙겠지. 뭐야? 맛이 왜 이래? 야, 김밥 쉬었잖아? 일부러 준 거야?"

　"아 그거 쉬었었지? 까먹었어… 진짜 미안해."

"됐어, 집에 갈 거야."

개그 파트너의 웃긴 부분도 건너뛰고 쉰 김밥까지 주었는데, 거기에 그 해 시험은 혜석 형 혼자 KBS 21기로 당당히 합격했다. 일부러 그랬을 리도 없고 정말 미스터리다. 다행히 두 사람은 아직도 잘 지내고 있다.

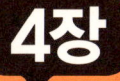

4장

시험 20일 전

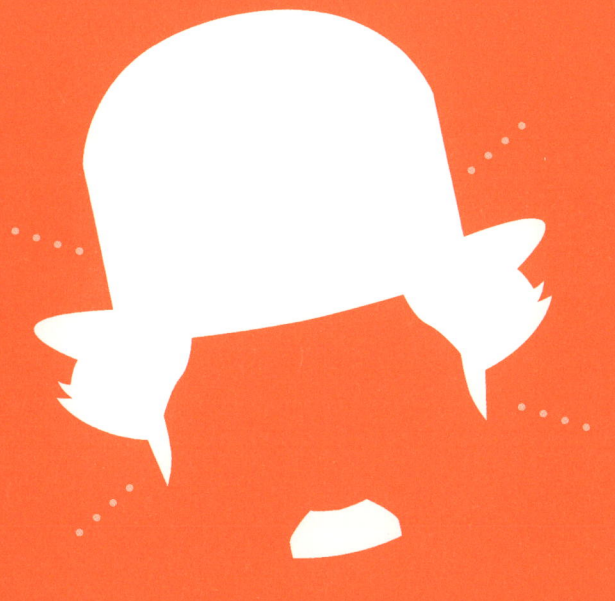

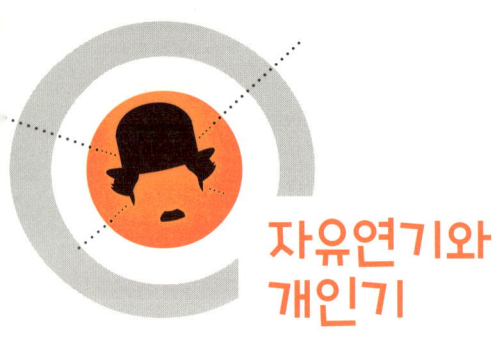

자유연기와
개인기

개그맨을 모집할 시기가 되면 각 방송국 홈페이지에 시험 공지가 나오고 개그 프로그램이 끝날 때쯤 개그맨 시험 공지가 나오기 시작한다. 아직 시간이 남았으니 다음 주부터 준비하면 되겠다고 생각하면 큰일이다. 작년에도 시험을 봤던 개그맨 지망생들은 벌써 개그를 다 짜고 연습까지 하고 있다. 빠른 친구들은 심사 위원 질문까지 대비하고 있을 것이다. 자, 정신 차리고 준비하자! 시험 준비는 크게 3가지로 나뉜다.

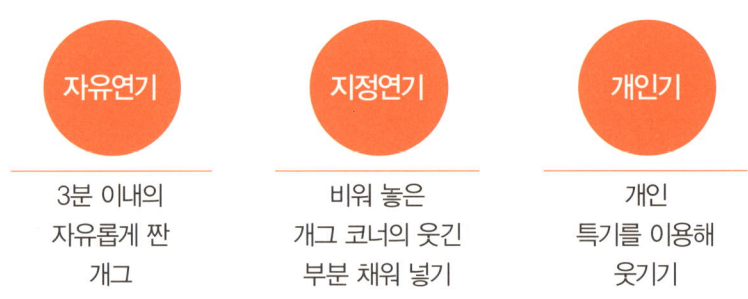

자유연기	지정연기	개인기
3분 이내의 자유롭게 짠 개그	비워 놓은 개그 코너의 웃긴 부분 채워 넣기	개인 특기를 이용해 웃기기

자유연기는 3분 정도의 시간을 갖고 자유롭게 개그를 해서 웃기면 된다. 쉽게 말하면 방송에서 볼 수 있는 개그 프로그램 코너를 직접 만들어 선보이는 것이다.

'어떻게 하지? 친구들 앞에서 장난칠 때는 이런 개그가 재밌었는데 시험장에서는 못 하잖아? 친구들을 시험장에 데려갈 수도 없고…'

처음에 개그를 짜라고 하면 다들 이런 생각을 한다. 평소에 하는 농담이나 장난을 대본으로 만들려고 하니 막막하다. 그럴 때 개그 프로그램을 유심히 보면 방법이 나온다. 지금 방송되고 있는 〈개그콘서트〉의 코너를 보자.

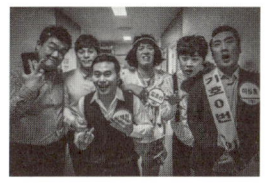

1 대 1
황당한
캐릭터들이 모여
퀴즈의
정답을 맞힌다.

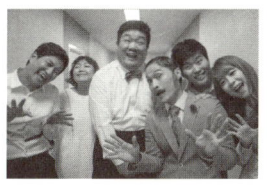

세.젤.예
각자
트라우마가
있는 사람들이
예민하게 반응한다.

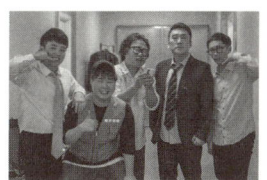

나가거든
영화 〈터널〉 패러디,
구조 요청을
받은 사람들이
답답하게 한다.

* 사진제공 KBS

정확한 콘셉트가 있다. 그것도 한 줄로 말할 수 있는! 내가 생각한 개그 아이디어도 이렇게 한 줄로 명확하게 정리가 돼야 한다.

아이디어를 짤 때는 대부분 우리 주위에서 볼 수 있는 상황을 가지고 내용을 만든다. 흔하게 볼 수 있는 상황에 **'만약에'**라는 말을 넣어서 생각해 보자.

만약에 커플인데 음식을 좋아하는 커플이라면?

만약에 퀴즈쇼에 이상한 사람들이 나온다면?

만약에 레스토랑 손님으로 예민한 사람들이 모여 있다면?

만약에 영화 〈터널〉에서 구조하러 오는 사람들이 황당하다면?

만약에 로봇이 감정이 있다면?

텔레비전을 볼 때나 일상생활에서도 늘 생각하자.

'어떻게 하면 재미있어질까? **만약에 이렇게 된다면?**'

또, 아이디어를 짜기 위해 지금 바로 해야 할 일이 있다. **아이디어 노트를 준비하자!** 노트는 최대한 자유롭게 적어야 한다. 갑자기 떠오른 개그 아이디어도 적고, 우연히 들었는데 개그 코너에 쓸 만한 노래도 적고, 주위의 재미있는 사람도 적고, 들었던 이야기 중 웃긴 것도 적는다. 나는 노트도 쓰고, 급할 때는 휴대 전화의 메모장도 쓴다. 유행어 비슷한 것이 생각나면 녹음을 해 놓기도 한다. 개인적으로 휴대 전화보다는 노트를 추천한다. 휴대 전화의 메모장은 적고 끝나지만 노트는 내용을 적으면서 계속 보게 돼 다른 아이디어를 덧붙일 수가 있다. 물론 노트든 휴대 전화든 좋으니 무엇이든지 다 적는 것이 제일 중요하다.

아이디어 노트가 한 권 두 권 쌓이면 뿌듯하기도 하고, 앞으로 개그 생활에 가장 큰 무기가 될 것이다. 이건 별것 아닌데, 하는 것도 빠짐없이 다 적자. 나중에 그걸 힌트로 재미있는 개그를 만들 수도 있다.

아이디어 노트에 쓰는 글씨는 이상하게 더 악필로 쓰게 된다. '누가 내 아이디어를 보면 어떻게 하지?' 하는 쓸데 없는 걱정 때문에….

자유연기만큼이나 개인기도 중요하다. 내가 생각하는 개인기의 달인은 심현섭 선배다. 〈개그콘서트〉 초창기 멤버로 나의 배꼽을 열 번은 빼 놓은 정말 대단하신 분이다. 어느 날 방송국에 오신 심현섭 선배님이 후배들에게 개인기 강의를 해 주셨다.

"개인기를 할 때 그냥 하지 말고 재미있는 상황을 만들어라!"

성대모사를 하더라도 그냥 하지 말라는 말이었다. 예를 들어 김대중 대통령 성대모사를 한다고 치면 이 인물로 성대모사를 했을 때 제일 재미있을 것 같은 상황을 만들어 주라는 거다. 당구 치는 김대중 대통령, 차 막혀서 짜증내는 김대중 대통령, 이런 식으로 말이다.

시험장에서 개인기로 대부분 성대모사를 많이 하는데, 그냥 하는 것보다 내가 준비한 인물이 독특한 상황에 처하도록 만들어 주면 다른 지원자보다 더 웃길 수 있다. 자신이 할 수 있는 성대모사가 있다면 최대한 재미있는 상황을 만들어보자.

성대모사가 아닌 나만의 특기가 있다면 이것도 웃긴 상황을 넣어주면 좋다. 예를 들어, 마이클 잭슨의 문 워크 춤을 잘 춘다면 그냥 춤만 보여주는 것이 아니라 '청소하는 마이클 잭슨'이라는 설정을 하고 발에 걸레를 붙여서 문 워크 하면서 바닥 청소를 하는 식이다. 나의 특기를 최대한 웃기게 포장할 수 있는 방법을 찾자.

성대모사나 특기가 아직 없다면 10초 이내로 웃길 수 있는 짧은 개그를 만들어서 하자! 내가 시험을 볼 당시에는 김정일 국방위원장이 세상을 떠나 장례식이 치러지고 있었고, 아들 김정남만 빈소에 오지 않아 '김정남이 과연 올 것인가'가 큰 이슈였다. 이 상황을 당시 사투리 개그로 인기 있던 '서울메이트' 코너 유행어로 패러디해 짧은 개그를 만들었다.

아직도 아들 김정남이 오지 않았습니다.
아! 방금 김정남이 도착했습니다.
지금 온 김정남에게 한 측근은 이런 이야기를 했다고 합니다.

친척 (양상국톤)   아이고~ 정남아, 정남아, 니가 많이 늦었네?
측근   이쪽으로 오시죠. 여기 아버님이 잠들어 계십니다.

김정남 (허경환톤) 아이고 안 볼란다~ 안 볼란다~

당시 상황이 유행어와 절묘하게 딱 맞아서 심사 위원의 웃음을 이끌어 낼 수 있었다. 지금 상황이라면 대선에 나왔던 다양한 인물 중에 한 명을 패러디해 보는 것도 좋다. 개그맨은 항상 이슈에 관심을 기울이고 이를 어떻게 이용해 웃길지 생각해야 한다. 이제 그냥 웃기고 재밌는 친구가 아닌 프로 개그맨의 길을 가야 하기 때문이다.

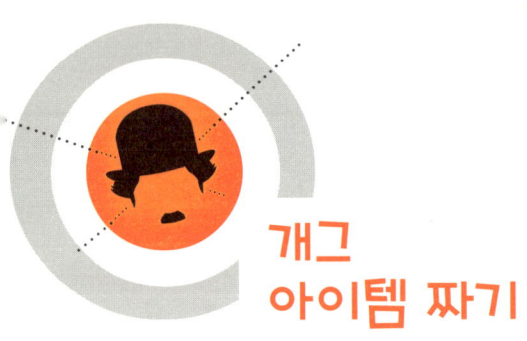

개그
아이템 짜기

자, 그럼 지금부터 같이 코너를 만들어 보자. 예전에 내가 했던 코너 중 '10년 후'란 코너가 있다. 사채업자가 돈을 받으러 왔는데 아줌마가 갚지 않았고 사채업자는 말한다.

"돈 갚을 때까지 10년 후라도 계속 올 거야!"

그렇게 10년 동안 사채업자가 매일 가게에 와 아줌마 일도 도와주고 하다 결국 둘이 좋아하게 된다는 내용이다. 한 줄로 정리하자면 '사채업자와 아줌마의 10년 동안의 황당한 변화'다.

이 개그의 소재도 일상생활에서 찾았다. 어느 날 영화를 보는데 어떤 장면이 나왔다. 사채업자들이 돈을 받으러 왔는데 상대방이 돈을 안 갚으니 마루에 누워서 돈을 줄때까지 안 간다는 흔한 장면이었는데,

'만약에 돈을 안 줘서 집에서 계속 살면 어떻게 될까?'

라는 생각이 들었다. 그렇게 계속 살다보니 집안 물건 위치까지 다 알게 되고, 그 집 아이들이 양말 어디 있는지 물어보면 다 찾아주겠지. 엄마한테 버릇없게 대드는 아이가 있으면 대신 혼내기도 하고, 사채업자가 아닌 가족 비슷하게 되는 거야. 엄마 생일을 자식들은 까먹었는데 혼자만 케이크를 준비해서 축하해 주며 말로만 계속 돈을 갚으라고 하는….

오 재밌겠는데?

선배들과 모여서 회의를 시작했고, 새로운 아이디어가 더해졌다. 집 안에서만 일어나는 일이면 소재가 많이 없으니 밖으로 장소를 옮기자! 거칠게 행동하지만 알고 보면 따뜻한 마음을 지닌 '츤데레' 요소를 넣어서 아줌마와 사채업자의 러브라인을 만들자! 사채업자만이 아니라 주변 인물들의 10년 동안의 변화도 만들자! 이렇게 아이디어를 모아 코너를 만들다 보니 재미도 있고 사랑도 있는 색다른 개그가 나왔다.

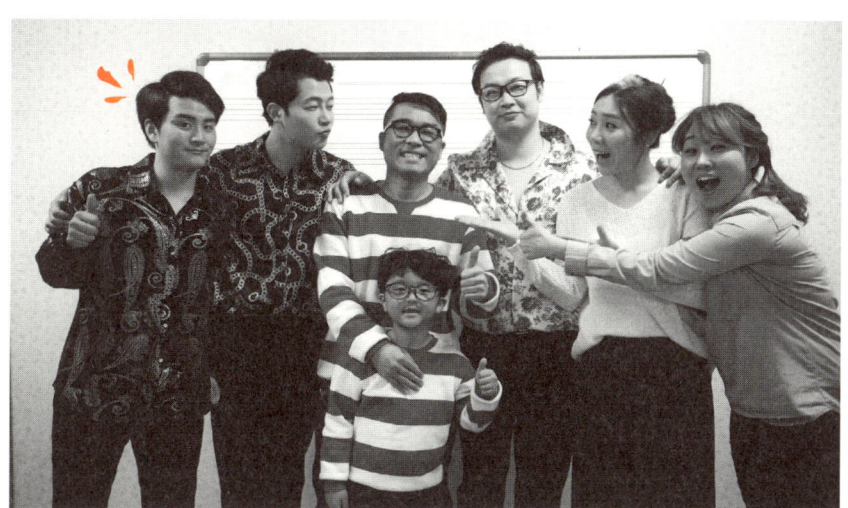

〈10년 후〉에는 김건모 선배님이 특별 출연해 주시기도 했다.

회의할 때만큼은 선후배 가릴 것 없이 자유롭고 편하게 이야기를 한다. 아이디어를 낼 때도 생각나는 대로 막 말한다. 너무 황당한 아이디어를 말하면 장난스럽게 핀잔을 줄 때도 있다. 하지만 이상한 아이디어 같아도 말을 아예 하지 않기보다는 뭐라도 말하는 편이 낫다. 그 아이디어를 듣고 다른 아이디어가 떠오를 수도 있기 때문이다. 회의하면서 농담도 하고 장난도 치는데, 그러다 보면 어느덧 아이디어가 많이 나와 있다. 실제 개그맨들의 아이디어 회의는 이렇다.

||||||||||||||||||||||||||||||||||||||||||||||||||||||||||||||||

기환 선배님 이런 개그 어떨까요? 사채업자가 돈 받으러 왔는데 아줌마가 돈이 없다고 하는 거예요. 사채업자가 돈 줄 때까지 아줌마 집에 계속 있을 거라고 했는데 몇 년이 지났어요. 한 10년 정도? 오래 있다 보니까 집주인 아줌마 생일도 기억하고 그 집 아들들이 양말 못 찾으면 찾아주기도 하는 그런 내용인데요.

현기 재밌을 것 같지 않아요? 선배님?

재관 아예 훈훈하게 아줌마랑 아저씨로 해서 나중에 좋아지는 것도 괜찮을 것 같은데? 근데 현기 너는 왜 여기 앉아 있냐?

현기 아 선배님 왜 시작 전부터 장난치세요? 회의하려고 왔죠~

재관 가!

현기 못 가요, 빨리 회의 하시죠. 요즘 연인 코너 없으니까 색다른 연인 코너 느낌도 나고 괜찮을 것 같은데요.

기환 장소는 식당이나 과일 가게, 빵집, 그런 게 괜찮을 것 같은데요.

윤호 미용실도 재밌을 것 같아요.

안나 역할은 선배님이 아저씨 같으니까 사채업자 역할을 하고 제가 아줌마 역할 해요? 으악, 근데 선배님이랑 연인 연기해요? 웃겨서 못할 것 같은데

재관 나도 못할 것 같아! 낯간지러워.

기환 10년 전이랑 후랑 변화 주려면 처음에 좀 무섭게 해야 할 것 같아요.

재관 그럼 처음에 좀 웃음 없는 부분이 길 수도 있겠는데… 뭐 몇 년 후가 확실히 바뀌니까 괜찮을 수도 있을 것 같아.

현기 그럼 첫 장면부터 생각해 볼까요?

재관 그래. 근데 넌 아직도 안 갔냐? 가!

현기 못 가요.

기환 그럼 식당으로 할까요? 첫 회로 하기에 제일 상황이 많이 나올 것 같은데.

재관 그래, 그럼 아줌마 장사하는데 와서 다 엎고 던지고 하고 아줌마 돈 갚을 때까지 계속 온다~ 이런 식으로 무섭게 하자. 최대한 무섭게 해야 관객들이 뒤에 어떤 상황이 벌어질지 예상을 못할 것 같아.

안나 10년 뒤에 사람들의 겉모습도 바뀌면 더 쉽게 이해할 거 같아요. 아줌마가 검은 머리에서 흰머리 가발을 쓴다던지?

윤호 흰머리 가발은 너무 나이 든 느낌이고, 흰색 분칠 정도가 괜찮을 것 같아요.

재관 그럼 가게 손님들도 변화를 주자. 단골손님으로 머리가 짧았는데 10년 뒤에 길어진다던지?

현기 그건 너무 뻔하지 않아요?

재관 가! 윤호야, 애 좀 내보내라. 네가 현기보다 형이지?

윤호 동생인데요.

재관 현기 너 근데 지금 회의하는 건 적고 있냐?

　　　(회의 내용은 보통 회의하러 모인 사람들 중 제일 후배가 적는다.)

현기 윤호랑 저랑 동기에요~ 거기에 제가 형인데 왜 제가 적어요?

재관 그래도 네가 적어! 안 적을 거면 가!

현기 그럼 차비 주세요, 갈게요.

재관 걸어가! 안 갈 거면 빨리 적든지 아이디어를 내든지 해~

현기 알겠어요, 적을게요! 이런 것 어떨까요? 손님으로 온 친구 둘이 고기 먹고 섬유 탈취제를 뿌려 주는데 냄새가 안 없어진다고 10년 뒤에도 계속 뿌리고 있는 거에요.

기환 웃긴데? 무대 뒤에 큰 물통 준비해놓고 빠졌다가 나오면 되겠다. 아예 머리끝부터 발끝까지 다 젖게.

재관 괜찮은데? 처음은 아예 보여주는 개그로 가자. 관객들이 쉽게 이해하고 갈 수 있을 것 같아.

기환 사채업자는 와서 쓰레기통 뒤집어엎고 했는데 몇 년 뒤에 와서 똑같이 엎은 다음 친절하게 분리수거해 주는 거예요.

재관 웃기다. 말은 돈 갚으라고 거칠게 하면서 할 건 다 해 주는 거지.

안나 계속 돈 갚으라고 하면서 아줌마 일을 도와주는 거예요.

재관 식당이니까 칼 들고 위협하다 몇 년 뒤에 거기 있는 음식 재료를 다듬어 줄까? 나무 같은 것들 빨리 자를 수 있거든.

안나 웃겨요~

72

기환   10년 전이랑 후랑 간판도 바꾸죠! 20년 전통에서 30년 전통으로.

재관   좋아! 회의한 내용 적고 있냐 김현기?

현기   적고 있어요~

안나   현기야, 잘 좀 적어. 글씨 못 알아보겠어.

윤호   마지막은 어떻게 끝나죠? 돈을 갚고 끝내야 하나요?

재관   아줌마가 좋아진 걸로 해서 감동을 주고 끝내는 거 어때? 훈훈한 음악도 나오고.

기환   아줌마 몰래 돈을 갚아주거나 하는 거요? 아! 신체 포기 각서를 받은 다음 아줌마가 울고 있으면 아줌마 이제 내꺼야~ 이런 거 어때요?

재관   좋아 좋아! 마지막 감동적인 음악 할 만한 것 있나?

현기   선배님 이 음악 어때요?

재관   싫어.

현기   들어 보고 이야기해 주세요. (음악 튼다)

안나   어? 괜찮은데요?

재관   대사 해볼까? "아줌마 이제 내꺼다~~"

안나   완전 잘 어울려요. 너무 닭살인데요?

재관   나 웃겨서 못할 것 같은데 나머지 내용도 생각해보자.

||||||||||||||||||||||||||||||||||||||||||||||||||||||||||||||||||||

이렇게 회의를 하다 보면 이런 내용이 나온다.

아줌마 가게 장소 정하기

첫 회는 사채업자가 자주 등장하는 장소 중 한 곳인 식당으로 해서 처음 보는 사람도 코너를 쉽게 이해하게 하자.

웃긴 상황

1. 손님들이 섬유 탈취제를 10년 동안 뿌려서 완전 젖어서 나온다.
2. 10년 전에는 사채업자가 음식 재료를 던졌는데 10년 뒤에는 던지는 척하며 다듬어 준다.
3. 아줌마 아들에게 사채업자가 공부를 잘하고 성공해야 내 돈을 갚는다고 타이른다.
4. 아줌마 대신 배달을 간다.
5. 칼로 위협하다 나중엔 그 칼로 무를 기가 막히게 썬다.
6. 쓰레기통을 엎는데 나중엔 분리수거를 한다.
7. 아줌마를 보자마자 물을 뿌리고 물건을 던지는데 10년 후에는 아줌마가 알아서 피한다.
8. 아줌마 옆에서 물건 파는 걸 보다보니 암산이 빨라져 대신 계산해 준다.

이렇게 처음 생각한 콘셉트에 맞게 10년 전과 10년 후 일어날 변화 중 재미있을 것 같은 내용을 몇 개 고른다. 그 다음 어떤 순서로 내용을 넣어야 감동과 웃음을 줄지 회의해서 대본을 쓴다. 처음에 싸우다 10년 뒤 주변 인물들의 변화를 보여주고 그 뒤 사채업자의 바뀐 모습, 다른 조직원이 나와 사채업자를 의심하고 위기가 찾아오지만 마지막엔 사랑으로 끝내자! 드디어 대본이 완성된다.

//

S#. 10년후

#. BG) 오프닝

기환　이야, 진짜 잘 먹었다.

현기　역시 고기는 삼겹살이야.

기환　잠깐만, 너 고기 냄새 너무 많이 난다. (섬유 탈취제 뿌리는)
　　　　더 뿌려야겠다.

재관　여기야? 이것들은 뭐야, 안 꺼져! 뭔데? (기환, 현기 퇴장)

재원　아니, 여기 아줌마가 3개월 동안 돈을 안 갚습니다. 형님!

재관　장난해? 돈 하나 못 받고! 걱정 말고 나가 있어. 아줌마, 돈 안 갚
　　　　고 무슨 장사를 한다는 거야? 남의 돈을 빌렸으면 갚아야지!

안나　아이고~ 돈이 있어야 갚지요.

재관　없으면 끝나?! (의자 넘어뜨리고 물 끼얹고 쓰레기통 던지고)

안나　돈이 있었으면 진작 갚았지, 없는 걸 어떻게 해?

손님　아줌마, 여기 계산해 주세요.

안나　네, 잠시만요, 얼마냐면요….

손님　빨리 좀 해 주세요.

재관　야! 내가 말하고 있잖아. (손님에게 가서) 꺼져, 안꺼져?!

안나 손님을 쫓아내면 장사를 어떻게 해요?

재관 이게 진짜! 말로 하니까 안 듣지? (칼 들고 위협하는)

윤호 아저씨 뭐에요? 우리 엄마한테 왜 그래요?!

재관 저리 안가? 돈 내놔! 돈 줄 때까지 10년이고 100년이고 계속 있을 거야!

안나 그래, 맘대로 해, 이놈아.

재관 나 화장실 갔다 올 테니까 여기 가만히 있어. (퇴장)

#. BG) 중간 음악

안나 아휴… 벌써 10년이 지났네….

(식당 간판 '20년 전통'에서 '30년 전통'으로 바뀌고 안나 머리 흰 머리로 분장)

(BG off)

#. 기환 탈취제 계속 뿌리고 현기 젖어서 나오는

기환 어때, 냄새 안 나지?

현기 이제 그만 뿌려도 되지 않을까? 나 추워~

#. 재관 등장

재관 이것들은 뭐야! 물귀신이야? 10년동안 계속 뿌리고 있어, 다들 꺼져! 아줌마, 돈 얼마나 된다고 10년 동안 안 갚아?

안나 몇 번 말해? 돈이 없다고.

재관 없으면 끝나?! (의자 발로 밀면 안나 잡아서 앉고 물 막고 짜서 바로 걸레질 하면서 청소 도와준다. 쓰레기통 던지면 안나 쓰레기봉투로 받고 재관 쓰레기통 털고~ 둘 청소하는 호흡 척척 맞는)

안나 돈 있으면 진작 갚았지, 없는 걸 어떻게 해?

손님 아줌마 여기 계산해 주세요.

안나 네, 잠시만요. 얼마냐면요….

손님 빨리 좀 해 주세요.

재관 야! 내가 말하고 있잖아. (손님에게 가서) 삼겹살 2인분에 찌개 하나, 공기밥 둘, 음료수까지 총 32,000원! 또 오세요~

안나 계산 맞아요?

재관 당연하지 이 아줌마야! 빨리 돈 갚아! 말로 하니까 안 듣지? (칼 들고 무를 자르는) 이 아줌마가… 허리다쳐. (같이 배추 옮기고 재관 김장 하고) 다치면 장사 어떻게 하려고 그래. (안나한테 김치 맛 보여주고)

안나 고춧가루 더 넣어.

재관 김치가 맛있어야 장사가 잘되는 거여.

  (안나 먹여주고 서로 고개 끄덕이면서)

재관 사람이 말이야, 자기 돈 아니니까 편하게 쓰지.

#. E) 전화벨

안나 여보세요?

재관 아줌마, 나 돈 줄 때까지 이 자리에서 한 발자국도 안 움직일 줄 알아!

안나 삼우빌딩이요? 예, 금방 갈게요. (재관에게) 삼우빌딩.

재관 아… 거기 엘리베이터 고장났는데 맨날 시켜.

  (윤호 전화 받으며 등장)

윤호 야 PC방 갈래? 아니다, 노래방 가자. 어, 안녕하세요.

재관	너 학생이 빨리빨리 안 다니고 뭐하는 거야? 얼마 전에 중간고사 봤지?
안나	정말이야? 너 왜 얘기 안했어! 성적표 가져와 봐.
재관	나한테 가져와야지. 너 아저씨가 모를 것 같았지! 아저씨가 너 눈만 봐도 다 알아! 네가 뭘 하고 다니는지 어떤 친구들을 만나는지.
윤호	여기요….
재관	가져와! 야 임마, 너 아저씨가 국영수 위주로 하랬지, 그래야 좋은 대학! 좋은 회사 가서 내 돈 갚지!
안나	어디 줘봐요. (머리 때리며) 야 너 정말 성적이 이게 뭐야!
재관	애 때리지 마, 애 기죽어! 남자는 기죽으면 안 돼. 그래도 도덕은 90점 넘었네? 잘했어 사람되는 게 중요하지! 아저씬 너 믿는다!
윤호	엄마 나 수학여행 회비 내야 되고 옷도 사야 되는데….
안나	얼마?
윤호	10만 원!
안나	안 되는데, 이거 내일 장사 해야 되는 돈인데….
재관	왜 날 봐! 내가 호구야? 이것들이 진짜! (돈 바닥에 던지며) 여기 돈 떨어져 있네.
재원	아 형님, 돈 받으러 가신다는 분이 뭐하는 거유. 혹시… 둘이 정분났어요?
재관	정분? 장난해? 너 잘 봐. 똑똑히 보여줄 테니까. 이 아줌마가 말로 해서는 안 듣지! (안나 내팽개치고 다시 일으켜 세우고) 미안해….
윤호	아저씨 그만해요!
재관	넌 또 뭐야! 어른이 얘기하는데! (옷 찢고) 미안해, 새 옷 사 줄게….

재원   역시 우리 형님 안 죽었네! 형님, 큰형님이 신체 포기 각서 받아오래요.

재관   알았어! 내가 받아 갈 테니까 가 있어. 아줌마, 이리와. 여기다 지장 찍어. 지장 찍으라고!

윤호   아저씨 하지 마요!

재관   저리 꺼져! 빨리 찍어! 신체 포기 각서에 지장 찍었으니까! 아줌마, 이제 내꺼다….

#. BG) 감동적인 엔딩 음악

이렇게 대본이 나오면 월요일에 피디 및 작가님들과 다 같이 1차 리허설을 하며 잘 안 맞는 부분을 수정하고, 화요일 2차 리허설 후에 또 수정, 녹화 당일인 수요일에도 카메라 리허설을 한 번 한 다음에야 본 녹화에 들어간다. 녹화가 끝난 후 편집을 거쳐 드디어 일요일 〈개그콘서트〉에 방송된다! 실제 개그맨들의 생활이 더 궁금하다면 KBS 〈다큐멘터리 3일〉 239회 '개콘팀 웃겨야 산다' 편을 다시보기로 보자. 매 방송에 수많은 사람들의 노력이 담겨 나온다. 힘들 것이라 생각하겠지만 나의 아이디어로 사람들에게 웃음을 줄 수 있는 기쁨은 정말 크다! 일주일의 피로가 사람들의 웃음소리로 한 번에 날아간다!

〈개그콘서트〉는 수요일에 녹화가 끝나고 매주 목요일과 금요일에 새 코너 검사를 한다. 새 코너는 무조건 재미있다고 통과되는 것이 아니다. 드라마처럼 매주 방송되어야 하기 때문에 다음 주, 그리고 그 다음 주에도 할 것이 있는 '소재의 연속성'이 있어야 한다. 코너의 1회가 재미있었는데 그 다음 주에 할 내용이 없어서 끝나 버리면 2회를 기다리던 시청자들은 실망한다. 하지만 시험 때는 연속성이 없어도 '확실히 웃길 수 있는' 개그면 좋다.

'만약에'로 하나의 코너가 만들어졌다. 이렇게 하기 위해선 항상 어떤 상황에서든 '만약에'를 떠올리며 아이디어를 생각하는 훈련을 해야 한다. 드라마에서 미국에 사는 아들이 한국에 계신 아버지가 위독하셔서 빨리 한국으로 돌아가야 하는 슬픈 내용이 나온다. 그런데 '만약에' 이 아들이 짠돌이라면 어떨까? 빨리 한국에 가야 하는 와중에도 인터넷으로 제일 싼 비행기 표를 찾는 것에 시간을 보내거나 그것도 비싸서 배를 타고 가는 방법을 찾아보는 황당한 상황을 생각할 수도 있다.

지금부터 개그맨이 되기로 결심했다면 개그 프로그램을 볼 때도 생각 없이 보면 안 된다.

'사람들이 왜 웃을까?'

'저 코너는 어떻게 생각했을까?'

'더 재밌는 코너를 만들 수 없을까?'

하면서 계속 생각을 해야 한다.

유재석 선배님은 신인 시절 예능 프로그램을 녹화해 출연자들이 웃긴 이야기를 하기 전 멈춤 버튼을 누르고 '과연 어떤 말로 웃길까? 나라면 이렇게 말할 텐데.'라고 먼저 생각해보고 플레이 버튼을 눌렀다고 한다. 이렇게 미리 생각도 해 보고, 비교도 해 보며 끊임없는 생각과 훈련 끝에 지금의 자리에 오를 수 있었다.

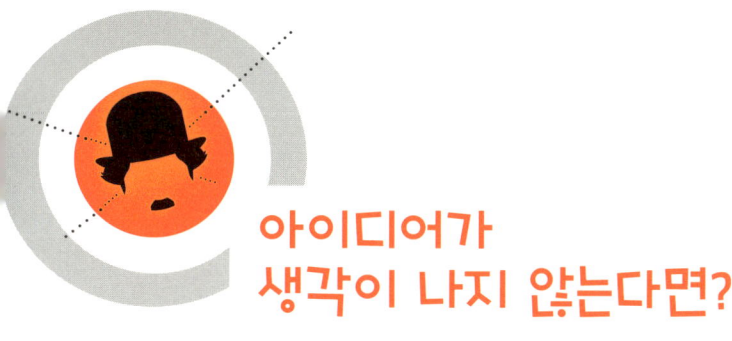

아이디어가
생각이 나지 않는다면?

아이디어가 잘 생각이 나지 않는다고 그대로 앉아서 머리만 싸매고 있으면 그만한 고문도 없다. 개그를 처음 시작했을 때 끙끙거리며 앉아 있었는데 지나가던 선배 지망생 누나가 한마디 했다.

"뭐하냐, 개그 고시 공부해? 재밌게 회의해."

재밌게! 내가 재밌지 않으면 좋은 개그는 나올 수 없다.

평소에 개그 프로그램을 즐겨보는 사람은 이런 생각을 했을지도 모른다.

"와, 내가 생각했던 거랑 비슷하네?"

"이렇게 말고 저렇게 하면 더 재미있을 것 같은데?"

"요즘 이런 코너 나오면 진짜 대박날 것 같은데!"

관심이 있으면 그만큼 생각을 했을 것이다. 이런 사람들은 아이디어 짜기가 좀 쉬울 수 있다.

생각이 안 나는 사람들은 지금까지 개그에 관심이 없던 사람인데, 무에서 유를 창조하려 하지 말자. 일단 마음 편하게 개그와 친해지자. 〈개그콘서트〉, 〈웃찾사〉, 〈코미디빅리그〉는 당연히 보고 유투브나 인터넷에 '개그', '코미디', '유머' 등의 키워드로 검색을 하면 많은 자료가 나온다. 그래도 감을 잡기가 어렵다면 아래의 방법을 시도해 보자.

머리가 막힐 때는 일단 분위기 전환을 해 보자.

앉아 있지만 말고 일어나서 팀원들과 장난도 치고 서로 재미있었던 이야기를 하면서 개그로 발전시킬 것을 찾아보자. 회의는 최대한 움직이면서 해야 아이디어가 나온다.

평소에 개그에 도움 될 만한 것들을 많이 보자.

책, 만화책, 영화, 드라마, 예능, 신문 가릴 것 없이 많이 보자. 신문에서 시사 개그를 찾을 수도 있고 영화를 보고 특이한 캐릭터를 찾을 수도 있다. 장르나 내용에 상관없이 자유롭게 생각해 보자.

첫 부분이 막힌다면 마지막이나 중간 부분부터 개그를 짜고 다시 돌아오자.

나오지 않는 부분은 건너뛰고 마지막부터 생각해 보자. 거꾸로 짜다 보면 자연스럽게 앞부분 내용이 생각날 때도 있다. 지금 짜고 있는 개그의 상황이 잘 생각이 나지 않는다면 차라리 상황을 바꿔서 짜는 것이 더 빠를 수 있다.

아이디어 노트를 뒤적이자.

아이디어 생각하는 능력도 훈련할수록 발전하기 때문에 제목만 써 놨던 개그라도 다시 보면 내용이 생각난다. 서로 아이디어 노트를 바꿔서 보는 것도 좋은 방법이다.

반대의 상황에서 찾자.

비극과 희극은 종이 한 장 차이라는 말이 있다. 웃긴 장면이 생각나지 않으면 제일 슬픈 장면에서 힌트를 얻자. 많은 인기를 끈 '생활의 발견'이란 코너가 있다. 남녀의 슬픈 이별 장면에 생활 공감대를 대입시킨 코너인데, 삼겹살집에서 이별 이야기를 하면서 고기가 탈까 봐 뒤집고, 불판도 갈아 달라고 하는 등 사람들이 공감할 만한 모습을 집어넣었다.

패러디를 찾자.

유행하는 영화나 드라마에서 패러디하자. 개그 프로그램을 보면 당시 유행하는 드라마나 영화를 패러디한 개그가 꼭 있다. 아무것도 없는 상태에서 개그를 생각하기보다는 '요즘 이런 드라마가 인기 있던데 이걸로 패러디해 보자'라고 생각하면 더 쉽게 개그를 만들 수 있다.

도저히 생각이 나지 않을 때는 잠시 휴식하자.

아이디어를 생각하는 일은 창조적인 일이기 때문에 보통 일이 아니다. 당연히 지칠 수밖에 없는데 그 상태로 계속 생각해도 아무 생각이 나지 않는다면 잠시 쉬는 것도 좋다. 밥을 먹거나 차를 마시거나 하면서 휴식 시간을 갖자.

아이디어는 계속 말해야 한다. 이상한 아이디어라고 몇 번 구박 받았다고 기죽어서 가만히 있을수록 머리가 꽉 막힌다. 개그맨이 되어 선배들에게 둘러싸여 있다 보면 기가 죽어 아무 생각이 안 난다. 선배들도 그런 상황을 다 경험해 봤기 때문에 후배들의 긴장을 풀어주려고 "왜 회의 시간에 가만있니? 뭐라도 말해봐."라고 하거나 "야 재밌는 이야기라도 해 봐." 하면서 후배들의 말을 이끌어 낸다. 그러다 보면 긴장도 풀리고 재밌는 생각도 난다. 쉽게 생각하는 게 낫다. '재미없어? 그럼 딴 내용 생각하지 뭐.' 내지는 '내가 개그맨으로 재능이 없나?'라고 생각하면 끝이 없다. 5시간을 멍하게 앉아있다가도 집중해서 10분 만에 아이디어가 술술 나오는 날도 있다. 회의 중간에 휴대 전화를 보다 보면 집중이 잘 되지 않기 때문에 회의하는 파트너와 말을 해서 '다른 것 보지 말고 딱 30분만 집중해서 하자!' 이렇게 정하는 편이 낫다.

선배라고 하는 말마다 재미있는 아이디어는 아니다. 계속 말하다 보면 재밌는 아이디어가 나오는 것이다. 10개를 말하면 3~4개 정도가 재미있는 내용이다. 대박은 한순간에 나오지 않는다. 다작을 통해 나온다. 〈개그콘서트〉의 경우 목, 금에 새 코너 검사를 하는데, 신인으로 들어와서 놀란 사실은 개그맨 선배들도 항상 재밌는 것을 생각해 오진 않는다는 것이다. 어느 정도의 수준은 있지만 선배들 코너도 통과되지 않을 때가 많다. 그래서 선배들도 매주 새 코너를 생각하고 끊임없이 도전한다.

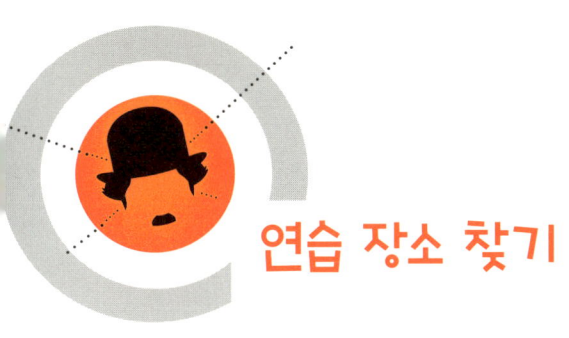

연습 장소 찾기

　드디어 첫 개그 대본이 나왔다면 이제 연습을 해 봐야 한다. 처음이니까 대본이 100% 완성되었을 때 연습하기보다 70% 완성되었더라도 연습을 해 보는 게 좋다. 그냥 앉아서 회의만 하는 것보다 직접 해 보면 더 재미있는 아이디어가 나오기 때문이다. 대본 내용으로는 재밌는데 막상 연습해보면 웃기지 않은 개그도 많아서 연습이 꼭 필요하다.

　학교의 빈 강당이나 개인 연습실을 사용할 수 있다면 좋지만 대부분 그런 장소가 없을 것이라고 생각한다. 나도 처음에 연습할 장소를 찾다가 결국 산에 갔다. 황당하게 들릴 수 있지만 산은 소리 지르며 연습하기에 최고의 장소다. 그 당시 콤비였던 이원구 선배와 남산에 갔는데, 카페나 놀이터에서 작게 연습하다 사람이 없는 산에 가니 정말 신이 났다. 발성 훈련으로 서로 멀리 떨어져서 연습해 보고, 소리는 정말 원 없이 질렀다. 갑자기

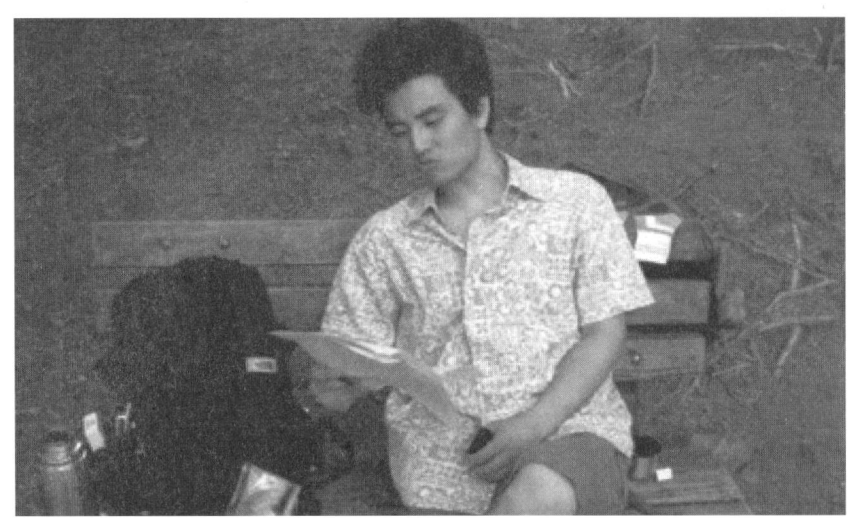

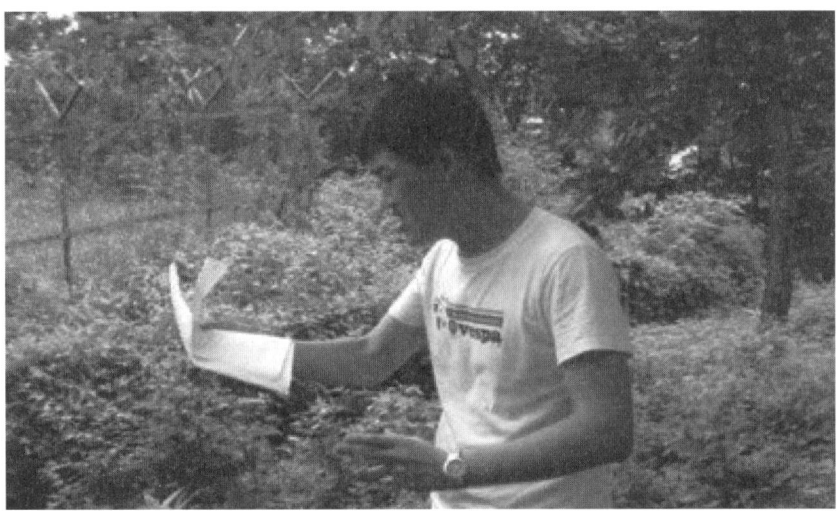

지어낸 말이 아니라 진짜로 산에서 했었다.

소나기가 와서 급하게 내려오긴 했지만….

　산에 가면 체력과 연습, 두 마리 토끼를 잡을 수 있다. 집 근처에 마땅한 산이 없다면 한적한 공원도 좋다. 멀리 가기 싫다면 차 안에서 연습하자. 동작까지는 힘들더라도 파트너와 대사 연습은 할 수 있다. 동작은 주차장 구석에서 연습해도 된다. 그리고 인적 드문 길에서 연습해도 된다. 사람들은 우리가 생각하는 것만큼 다른 사람 일에 그렇게 관심을 갖지 않는다. 남에게 피해를 줄 수 있는 공간만 아니라면 다 좋다.

　단, 시험 일주일 전에는 제대로 된 연습 공간을 찾을 필요가 있다. 거울이 있는 곳일수록 좋고, 영상을 찍어서 다른 사람 눈에 비친 나를 살펴보자. 그래야 몰랐던 나쁜 버릇들을 찾아서 고칠 수 있다. 시간을 정해 빌릴 수 있는 연습실의 경우 한 시간에 만 원 내외로 빌릴 수 있으니 참고하자.　하지만 장소가 어디든 연습은 실전처럼 해야 한다. 〈개그콘서트〉의 명콤비 박성광, 박영진 선배는 처음 지망생 시절 연습할 장소가 없어 자취방에서 연습을 했는데, 주인아주머니의 잔소리 때문에 일부러 작은 소리로 연습했다. 그러다 보니, 시험 당일 그동안 속삭이며 연습한 게 버릇이 되어 대사 전달이 안 됐다. 결국 심사 위원들에게 기본적인 대사 전달이 안 된다는 핀잔을 듣고 탈락했다. 처음에 큰 소리로 연습할 때 부끄러울 수 있지만 연습을 점점 많이 하다 보면 얼굴에 철판이 깔리는 게 느껴진다. 어차피 우리는 얼마 뒤 처음 보는 심사 위원 앞에서 개그를 해야 하니 부끄러워하지 말자.

아니요, 오늘은 쉴 수 없습니다.

〈개그콘서트〉에 들어와 대사 한두 마디 있는 역할만 하다 대사가 폭발적으로 늘어난 코너가 '횃불투게더'란 코너다. 그 바로 전에 했던 코너가 '10년 후'인데 대사가 2줄이었다가 '횃불투게더'에서는 14줄로 확 늘었다. 무려 7배, 거기에 원 샷까지 받았다. 다른 동료들이 웃을지 모르지만 '횃불투게더' 첫 녹화날, 개그를 처음부터 다시 시작한다는 비장한 각오로 임했다. 이번엔 정말로 잘해야겠다는 생각에 리허설을 할 때나 연습할 때도 실전처럼 최선을 다했다. 같이 연습하는 선배들도 살살 말해도 된다고 했지만 대사 하나 하나에 모든 에너지를 실었다. 하필 시위하는 내용의 코너라 대사도 소리를 고래고래 지르는 힘 있는 대사였다. 심지어 감독님도 리허설 때 그렇게까지 안 해도 된다고 할 정도였다.

"여러분! 더 이상 말로 해선 안 된다고 생각하는 바~입니다!"

드디어 대망의 녹화 날! 아침에 일어났는데! 목이 쉬었다…. 금요일에 새 코너를 통과해서 주말 연습에 월, 화 리허설까지 모든 에너지를 쏟았더니 정작 녹화 당일에 쓸 에너지가 떨어진 것이었다. 헛웃음이 났다. 얼마 만에 온 긴 대사의 역할인데… 앞으로 이런 역할을 또 할 수나 있을까 하는 생각마저 들었다. 너무 억울하고 속상해서 방송국에 도착하자마자 이비인후과로 달려갔다. 의사 선생님이 목 상태를 보시더니 한마디 하셨다.

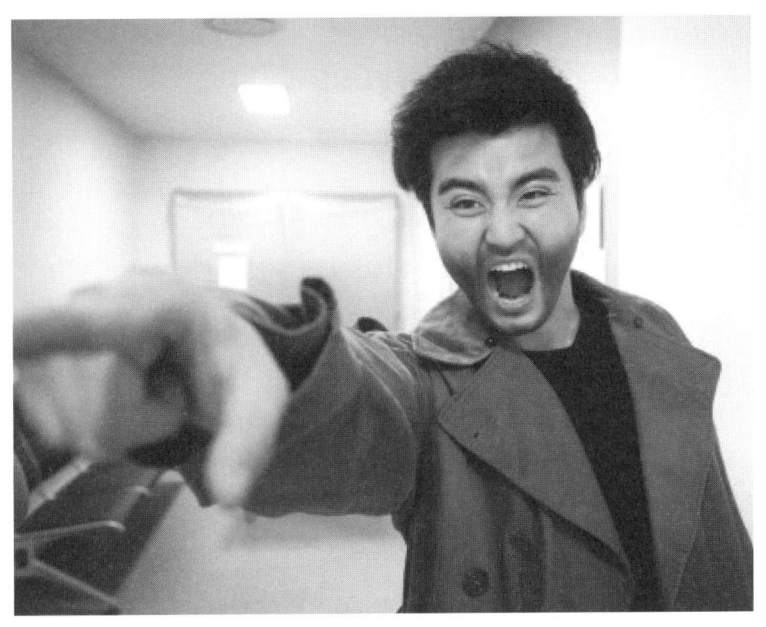

"목이 많이 부었어요. 오늘은 말씀하지 말고 쉬셔야 합니다."

"아니요, 오늘은 쉴 수 없습니다."

"쉬셔야 해요. 특히 큰소리 내면 안 돼요."

"아니요! 오늘은 소리 질러야 해요! 오늘만 어떻게 소리 지르게 안 될까요? 뭐 주사 같은 거라도 놔 주세요."

인지도가 없으니 개그맨일 것이라는 생각은 못하고 내가 너무 비장하니까 진짜 시위대 청년인 줄 아셨나 보다. 의사 선생님은 지금 상태로는 주사도 소용없으니 일단 약을 처방해 주겠다고 하셨다. 약을 먹고 녹화 전까지 말을 하지 않고 쉬면 좀 나아지지 않을까 생각을 했다. 팀원들과 감독님께 지금 상황을 말하니 다 고개를 흔들었다.

"거봐! 살살 하라니까 녹화 날 이게 뭐야."

정작 녹화 날 리허설은 개미 목소리로 하고 녹화 전까지 구석에서 목소리가 돌아오기만을 간절히 바랐다. 드디어 녹화가 시작되었는데 다행히 목소리가 돌아와서 녹화를 무사히 마쳤다. 정말 다행이었다.

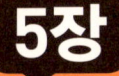

시험 10일 전

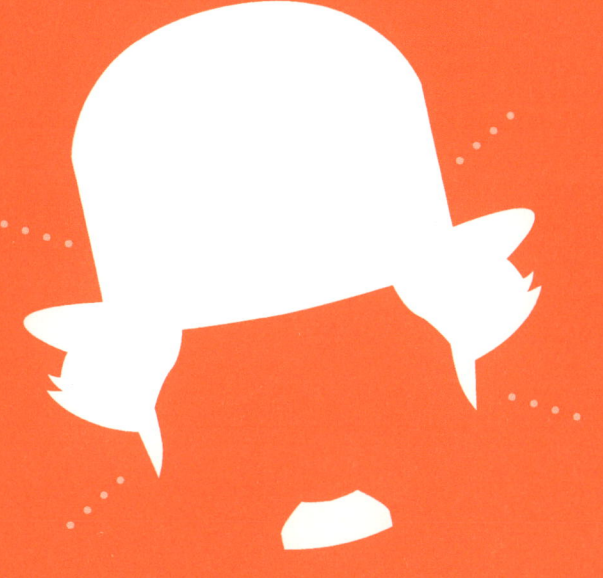

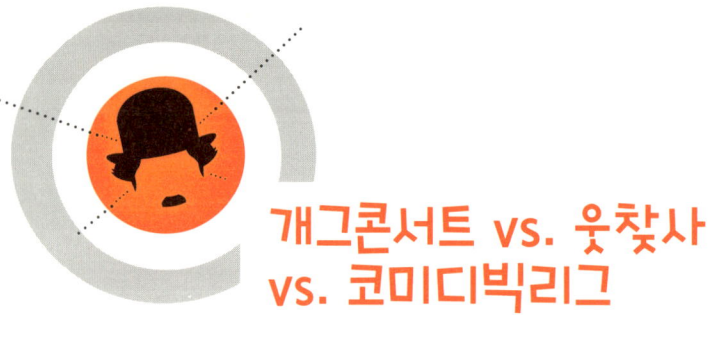

개그콘서트 vs. 웃찾사 vs. 코미디빅리그

시험	개그콘서트	웃찾사	코미디빅리그
1차	서류 접수	서류 접수	서류 접수
2차	자유연기, 개인기	자유연기, 개인기	개그 영상 제출
3차	자유연기, 지정연기, 개인기, 질문	자유연기, 지정연기, 개인기, 질문	자유연기, 지정연기, 개인기, 질문

　시험을 준비하기 전에 가고 싶은 방송국을 미리 찍어 놓고 거기에 맞게 준비하자. 〈개그콘서트〉와 〈웃찾사〉의 시험은 거의 비슷하고 〈코미디빅리그〉가 약간 다른데, 2차의 자유연기를 동영상으로 촬영해 제출한다. 연기를 하다 실수하더라도 편집할 수 있어서 좋다. 각 방송국에서 원하는 개그 스타일

도 다르다. 개그 프로그램을 자세히 보면 차이점을 알 수 있다. 〈웃찾사〉는 젊은 느낌의 톡톡 튀는 개그를 많이 하고, 〈개그콘서트〉는 정통 개그 스타일 중심이다. 〈코미디빅리그〉는 케이블 방송이라 수위가 더 높은 자유로운 개그를 할 수 있다. * 책에서는 개그콘서트 시험을 기준으로 설명한다.

시험을 앞두고 처음엔 다 이렇게 생각한다.
'어디든 어떠냐? 아무 곳이나 붙기만 했으면 좋겠다!'
이런 생각도 좋지만, 막상 방송국에 힘들게 합격한 뒤에 생각했던 것과 달라 고민에 빠질 때도 있다. 그래서 방송국을 옮기려고 다시 시험을 보기도 한다. 힘들게 준비하는 시험! 내가 원하는 방송국으로 결정하자. 처음에 막내 생활부터 하기 때문에 어디나 힘들기는 마찬가지다. 어차피 고생할 것, 내가 좋아하는 곳에서 하는 편이 그래도 낫다.

세 군데 다 비슷해 보이고 차이를 잘 모르겠다면 내가 좋아하는 개그맨이 많은 곳에 가자. 예능에서 만나지 않는 한 방송국에 가면 그 방송국에 있는 선배들의 후배가 된다. 가서 같이 개그를 짤 수도 있고, 개그를 배울 수도 있다. 절대 개그맨 시험이 끝이라고 생각하지 말자. 개그맨 시험에 합격한 그때가 또 다른 시작이다. 아마추어에서 프로가 되었다면 이제 프로들의 세계에서 나만의 무기로 살아남는 법을 연구해야 한다. 그렇기 때문에 지금부터 **나의 캐릭터는 무엇인지, 내가 다른 개그맨들보다 나은 점은 무엇인지** 미리 생각하자. 이 생각을 갖고 개그를 한다면 더 빨리 실력이 향상될 수 있다. 지금까지 개그 프로그램을 생각 없이 보며 웃었다면 이제부터는 분석하면서 보자. 이 코너는 어떤 콘셉트인가? 누가 웃긴 역할인가? 누가 받쳐 주는 역할인가? 유행어는 뭐가 있지? 이런 고민을 하면서 보면 내가 코너를 어떻게 짜야 하는지가 보인다!

코너 제목	사랑이 large
방송 날짜	2017. 2. 2.
등장 인물	유민상, 김민경, 임우일
웃기는 역할	유민상, 김민경
받쳐 주는 역할	임우일
콘셉트	많이 먹는 커플의 사랑이야기
특히 웃겼던 내용	메뉴판을 보고 S코스를 주문했는데 메뉴판을 크게 돌려서 전체적으로 다 달라고 한 S코스다
유행어	너 지금 장난해? 그게 뭐예요?

내가 짠 코너는 이런 표에 넣어서 어떻게 되는지 해 보자. 코너를 확실한 콘셉트로 만들었는지 알 수 있다.

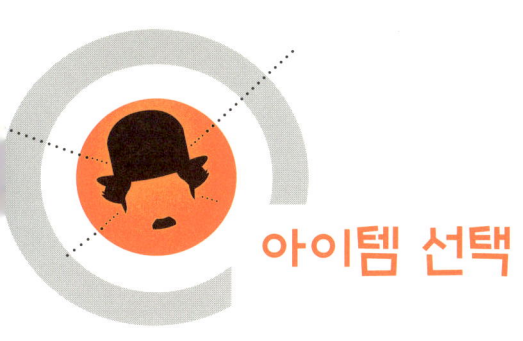

아이템 선택

　시험 10일 전! 시험이 얼마 남지 않았다. 소품, 의상 준비도 하고 연습도 하려면 시험 때 어떤 아이템을 할지 미리 선택해서 준비해야 한다. 아이템은 최대한 많이 생각해 놓는 것이 좋은데, 1~2개의 소재를 계속 붙잡고 있느니 일단 여러 개를 생각해서 그중에서 고르는 게 낫기 때문이다. 처음에 생각한 소재라고 해서 그것을 끝까지 파고들 필요는 없다. 다음, 그 다음 내용을 생각하다 발전이 없으면 과감히 버리고 다른 소재를 생각하자. 지금 당장 몇 시간을 생각해도 발전이 없는 소재는 앞으로 며칠을 더 매달려도 생각이 나지 않을 가능성이 크다. 특히 시험을 앞두고 하루가 중요한 지금은 빨리 결정을 해야 한다. 소재가 정말 괜찮아도 일단은 제쳐두고, 지금 당장 생각을 해 봤을 때 완성이 되는 아이템을 파고들자. 2차, 3차 자유 연기에 총 2개의 아이템이 필요하지만 그래도 최소 3개 정도는 완성을 해야 주위의 의견도 물어볼 수 있고 여유 있게 선택할 수 있다.

지금 당장 한 개 짜기도 바쁜 사람은 일단 한 개라도 최선을 다해서 생각하고, 2~3개 준비한 사람은 2차 시험은 제일 웃긴 것으로 하는 것을 추천한다. "제일 재미있는 것을 3차 시험 때 하고 싶은데요?"라고 생각할 수 있다. 2차 시험에 당연히 붙을 거라는 생각을 갖고 하는 말이다. 하지만 그동안의 경험을 보면 1차, 2차, 3차 매 시험마다 최선을 다해야 붙을 수 있다. 당연히 최종까지 붙을 거라 생각한 사람도 1차나 2차에서 어이없게 떨어지는 모습을 많이 봤고, 아끼지 말고 제일 재미있다고 생각했던 것 해보기나 할 걸, 하고 후회하는 사람도 많이 봤다.

일단은 제일 재미있다고 생각하는 개그를 하자! 그 개그로 1차 서류 접수 때 대본을 내고, 2차 시험 때 심사 위원 앞에서 보여줘서 반응이 좋으면, 즉 심사 위원들이 평소에 친구들이 나의 농담에 빵 터지듯이 웃으면 그걸 바탕으로 더 재미있게 수정해서 3차 때 또 해도 된다. 하지만 '비장의 무기'를 아낀다는 생각으로 시험을 보면 그 무기를 써 보지도 못하고 끝날 수 있다.

2차 시험 때 준비한 아이템에 대한 심사 위원들의 반응이 시큰둥했다면 빨리 다른 아이템으로 바꿔야 한다. 아이템이 하나뿐이었어도 그 아이템을 수정하기보다 빨리 다른 아이템을 생각하는 편이 낫다. 별 반응 없는 분위기에서 붙었다면 턱걸이로 겨우 통과했을 가능성이 크기 때문이다. 이런 상황에서 비슷한 개그를 3차 때 가져와 봤자 많은 점수를 받을 수 없다.

시험 아이템을 선택할 때 주위의 의견을 들어 보면 좋다. 친구들한테 보여줘도 좋고, 특히 주위에 개그맨 선배가 있다면 의견을 진지하게 들어보자. 시험을 봤던 사람이라 가장 시험 분위기를 잘 알고 있기 때문이다. 지금 방송을 하고 있는 선배라면 더더욱 잘 들어야 한다. 선배들은 심사 위원에 포함된 작가님이나 피디님들과 같이 회의를 하고 아이템 검사도 하기 때문에 지금의 개그 트렌드에 대해 알고 있고, 개그 프로그램에서 어떤 사람들을 필요로 하는지 힌트를 줄 수도 있다.

실제 시험 시즌이 오면 개그 극단 출신 선배들이 모여 자신이 속했던 극단의 개그 지망생 후배들의 개그를 봐 준다. 자신들도 시험 준비를 해봤고 누구보다 시험에 대한 스트레스를 잘 알고 있기 때문에 정말 진지하게 조언한다. 대학교 개그 학과나 개그 동아리도 합격한 선배들이 와서 일명 '모의 공채'를 한다. 실제 시험과 비슷하게 순서를 정해서 지망생들이 한 명씩 자유연기를 보여주고 개인기도 한다. 개그가 별로면 "다른 것 생각한건 없어?"라고 물어보고 그 중에서 제일 괜찮은 개그를 하라고 말해준다. 그래서 개그는 많이 생각해 놓을수록 좋다. 선배들이 없는 개그를 만들어 줄 수는 없지만 조언은 해 줄 수 있다.

개그맨 선배들의 조언을 듣고 더 완성된 개그를 만들 수도 있고, 듣다 보면 더 재미있는 개그가 만들어지기도 한다. 선배들은 지금 시험 준비를 하고 있는 우리들보다 몇 배나 더 많은 개그를 만들어봤기 때문에 아이디어를 생각하는 것도 빠르고, 식상하거나 시험에 부적절한 내용도 걸러줄 수 있다. 극단이나 동아리에 속해 있지 않은데 혼자 준비하기 힘들다면 주변에 개그맨을 지망하는 친구들끼리 그룹을 만들어 '모의 공채'를 해 보면 좋다.

　시험용 개그 아이템을 선택할 때, 주위의 의견도 중요하지만 제일 중요
한 것! **내가 생각했을 때 웃기고 자신 있는 아이템으로 해야 한다.** 여러 사람
이 아무리 A라는 개그가 재미있다고 해도 스스로 B라는 개그를 할 때 자
신 있고 시험장에서 더 웃길 것 같다면 그 판단이 맞다. 그리고 그렇게 해
야 후회가 없다. 처음 가 보는 시험장에서 주눅 들지 않고 자신 있게 하면
일단 반은 성공이다.

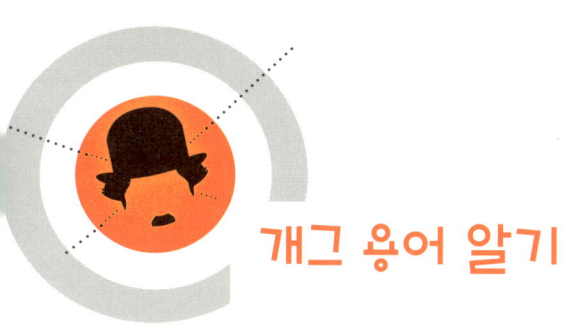

개그 용어 알기

개그 용어는 방송국에서 개그맨들끼리 쓰는 용어다. 일본어에서 나온 말도 있어서 처음 들으면 무슨 뜻인지 모르는 말들이 많다. 사전에 찾아도 없는 말이라 뜻을 모르면 개그맨 선배들이 조언을 해 줘도 알아들을 수 없다. 만약 선배가 이런 조언을 해 준다고 생각해 보자.

"방금 본 개그 틀은 좋은데 전체적인 시바이가 약해. 오도시가 더 연기를 더 쌈마이로 해야지, 니주는 더 니마이로 해 주고. 특히 엔딩에서 기깍이가 안맞아. 근데 처음 시바이는 세네."

분명 한국말은 맞는데… 대체 무슨 말일까?

▌자주 쓰이는 개그 용어

니주

|뜻| 웃긴 내용 나오기 전 부분, 받쳐 주는 역할

저 잘나갑니다. '사' 자 들어가는 직업이에요. 장의사~
  └→ 니주

|예| 그 부분에서 선생님 니주를 잘 깔아야지 학생 역할이 살지~

→ 선생님 연기를 잘 해야 학생의 웃기는 역할이 살지~

오도시

|뜻| 웃긴 부분, 웃긴 역할

저 잘나갑니다. '사' 자 들어가는 직업이에요. 장의사~
                              └→ 오도시

|예| 이 코너에서 오도시가 누구야? → 누가 웃긴 역할이야?

니주가 약하니 오도시가 잘 안 산다.

→ 받쳐 주는 역할을 못하니 웃긴 역할도 안 웃긴다.

시바이

|뜻| 니주와 오도시를 합친 부분

저 잘나갑니다. '사' 자 들어가는 직업이에요. 장의사~
  └→ 시바이

|예| 코너 전체적으로 시바이가 약하다.

니마이
↔쌈마이

|뜻| 진짜, 멀쩡한 것 ↔멀쩡하지 않은 것, 우스꽝스러운 것

|예| 이번에 뽑힌 친구 니마이야 쌈마이야?

→ 이번에 뽑힌 친구 잘생겼어? 못생겼어?

그 부분 화내는 연기를 할 때는 니마이로 해야지!

→ 그 부분 화내는 연기를 할 때는 진짜로 해야지!

그 부분은 멋있게 하려고 하지 말고 쌈마이로 해야지.

→ 그 부분은 멋있게 하지 말고 우스꽝스럽게 연기해.

나미다

|뜻| 슬픈 것

|예| 나미다 음악 있어? → 슬픈 음악 있어?

그 후배 가족 이야기 진짜 나미다야. 도와주자.

→ 그 후배 가족 이야기 진짜 슬퍼. 도와주자.

기깍이

|뜻| 호흡

|예| 때리는 부분 기깍이가 안 맞아.

→ 때리는 부분 호흡이 안 맞아.

마

|뜻| 틈

처음에 '마'란 이야기를 듣고 무슨 소리인지 사전을 찾아 봤다. 사전을 보니 '불길한 것', '어두운 것', 이런 뜻만 나와서 당시 파트너와 "뭐야 우리 인상이 암울한가?", "불길해 보여? 좀 밝게 연기를 할까?"등 수많은 추측을 했는데 다 틀렸다. 개그는 3~5분 정도에 코너가 끝나야 하기 때문에 내용을 최대한 압축해서 보여준다. 그렇기 때문에 매 초가 중요해서 다음 대사할 사람이 대사를 늦게 말하거나, 등장인물이 천천히 나오거나, 소품이 늦거나 할 때 생기는 틈을 최대한 줄여야 한다. 이 틈들이 다 '마'다.

|예| 소품 꺼내는 게 너무 마 떠. → 소품 꺼내는 게 너무 느려.

세다
반 약하다

재미있다 반 재미없다

|예| 캐릭터가 약하다. → 캐릭터가 재미없다.

2번째 시바이가 세다. → 2번째 개그가 재미있다.

엔딩

|뜻| 코너의 끝

개그는 특히 마지막이 중요하다. 마지막에 빵 터지는 웃음을 주거나 반전이 있거나 해서 강하게 끝나야 한다.

|예| 코너 엔딩 어떻게 할 거야? → 마지막에 어떻게 끝낼 거야?

엔딩이 약하다. → 끝이 별로 안 웃겨.

틀	|뜻| 코너의 콘셉트
바래	|뜻| 관객에게 들키다, 예상되다 |예| 소품이 몰래 나와야 웃긴데 그렇게 꺼내면 바래나지. → 소품이 몰래 나와야 웃긴데 그렇게 꺼내면 관객에게 들키지. 미리 화나는 표정 하지 마. 뒷부분 바래나. → 미리 화나는 표정 하지 마. 뒷부분 예상돼.
사족	|뜻| 필요 없는 부분 |예| 선생님이 출석 부르는 것 사족인 것 같다. 바로 숙제 검사 해. → 선생님이 출석 부르는 것 필요 없는 부분인 것 같다. 바로 숙제 검사 해.

"방금 본 개그 틀은 좋은데 전체적인 시바이가 약해. 오도시가 더 연기를 더 쌈마이로 해야지, 니주는 더 니마이로 해 주고. 특히 엔딩에서 기깍이가 안 맞아. 근데 처음 시바이는 세네."

이젠 무슨 말인지 알아들을 수 있다.

"방금 본 개그 코너의 콘셉트는 좋은데 전체적인 웃음이 약해. 웃기는 역할이 연기를 더 웃기게 해야지, 받쳐 주는 역할은 확실히 받쳐 주고. 특히 마지막 부분 호흡이 안 맞아. 근데 처음 부분은 웃기다."

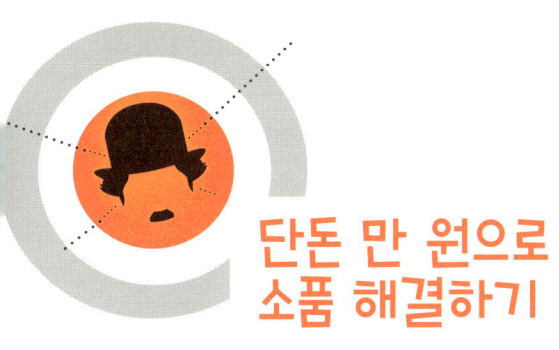

단돈 만 원으로
소품 해결하기

    내가 준비한 개그를 더 잘 보여주려면 의상과 소품이 뒷받침해 줘야 한다. 무당 캐릭터로 개그를 짰다면 무당 의상과 부채 같은 소품들이 필요하다. 그렇게 되면 의상 대여비만 15만 원이 넘는데, 시험에 확실히 붙는다는 보장도 없으니 당연히 부담된다.

    개그 지망생 시절, 필요한 소품이 있으면 아파트 분리수거하는 곳에 가거나 길에 누가 버린 물건 없나 하고 유심히 봤다. 그러다 동묘시장을 알게 됐다. 동묘시장은 서울 동묘역 3번 출구로 나오면 있는데, 없는 물건이 없다. 요즘은 방송에 많이 나와서 그런지 찾는 사람이 많아졌다. 동묘역 동묘시장에서 신설동 풍물시장까지 노점이 쫙 깔려있다. 물건이 얼마나 싸냐고? 시험 볼 때 터미네이터 캐릭터로 개그를 짜서 장난감 총과 가죽 재킷이 필요했을 때다. 일반 문구점에 갔는데 총 하나에만 15,000원이 넘었다. 가

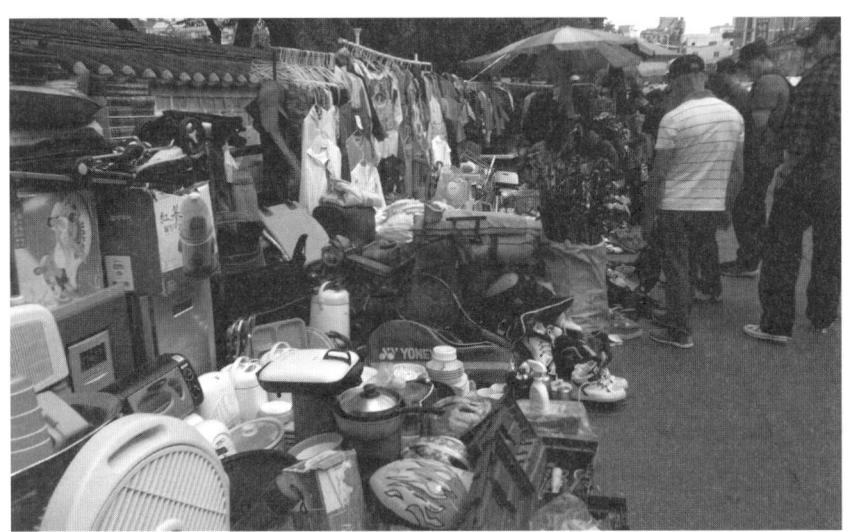
동묘시장에는 별의별 물건이 다 있다.

죽 재킷도 10만 원 정도 하니 시험 때 한번 입을 것을 그 돈을 주고 사기에는 너무 아까웠다. 그래서 동묘시장으로 갔더니 장난감 총은 2,000원, 가죽 재킷은 7,000원에 샀다. '이런 소품은 없겠지?'라는 생각에 개그의 내용을 바꾸지 말고 일단 마음껏 생각하자.

시험 일주일 전

　　시험 일주일 전에는 바로 다음 주가 시험이라는 걱정에 안 웃기면 어떻게 하지, 떨어지면 어떻게 하지 하는 걱정만 하며 하루하루 보낸다. 분명 말하지만 떨어지면 어떻게 하냐는 걱정은 시험에 떨어진 다음에 해도 늦지 않다. 지금은 연습을 한 번이라도 더 할 때다. 어려운 발음은 없는지 이 대사가 잘 들리는지, 동작이 어색한지, 파트너와의 호흡이 잘 맞는지 계속 연습하면서 체크해야 한다. 소품은 다 준비돼 있나? 의상은? 연습과 준비만 해도 일주일이 부족한데, 거기에 시험 떨어질 걱정까지 할 시간이 없다.

　　특히 시험을 앞두고 '방송국에서 이런 사람을 뽑네, 이번에 어떻게 되네'하는 근거 없는 소문이 많이 돌아다니는데 그런 소문을 신경 쓰다 보면 또 하루가 지나버리니 시험 준비에만 집중하자. 매년 무성한 소문이 돌지만 문제는 현재 〈개그콘서트〉를 출연하는 사람들도 처음 듣는 소문이라는 점이다. 누가 그런 헛소문을 만들어 내는지 모르겠지만 정말 중요한 공지라면 방송국 홈페이지에 나올 것이다.

　　마지막 일주일은 개그 내용을 보완하기보다는 연습을 더 하면서 실수를 줄이는 것이 좋다. 꼭 특정 부분의 대사만 까먹는다면 그 대사를 확실히 외우고, 파트너와의 동작이 안 맞으면 카메라나 휴대 전화로 동영상 촬영을 해서라도 될 때까지 반복해서 연습하자.

시험장에서 0.5초라도 대사를 머뭇거리면 심사 위원이 바로 "됐습니다." 라고 하기 때문에 한순간의 '마'도 허용해서는 안 된다. 시험 때는 특히 주어진 시간이 짧아서 '마'에 민감하다. 3분 이내의 개그에서 '마'가 두세 번 생긴다면 흐름이 끊겨 보이고 집중이 안 된다. 그래서 더욱 연습을 딱딱 맞게 해야 한다. 호흡이 잘 맞지 않는 팀원이라도 계속해서 연습하다 보면 어느 순간 맞게 된다. 시험장에서 지망생들이 가장 많이 하는 연기 실수는 크게 2가지가 있다.

첫째, 급하게 연기하기

시험장에서는 긴장하기도 하고, 심사 위원이 언제 "됐습니다."라고 말할지 모르기 때문에 평소보다 빨리 연기하게 된다. 전체적으로 이상하게 보여주고 끝내느니 여유를 갖고 웃긴 부분 하나를 제대로 보여주는 편이 낫다.

둘째, 서로 얼굴만 보고 연기하기

팀원이나 도우미 쪽으로 몸을 돌려서 연기하면 심사 위원은 지원자의 옆모습만 보게 된다. 상대방에게 대사를 하더라도 고개를 90°로 돌리지 말고 45°정도만 틀어 바라봐서 심사 위원이 앞모습도 볼 수 있도록 하자.

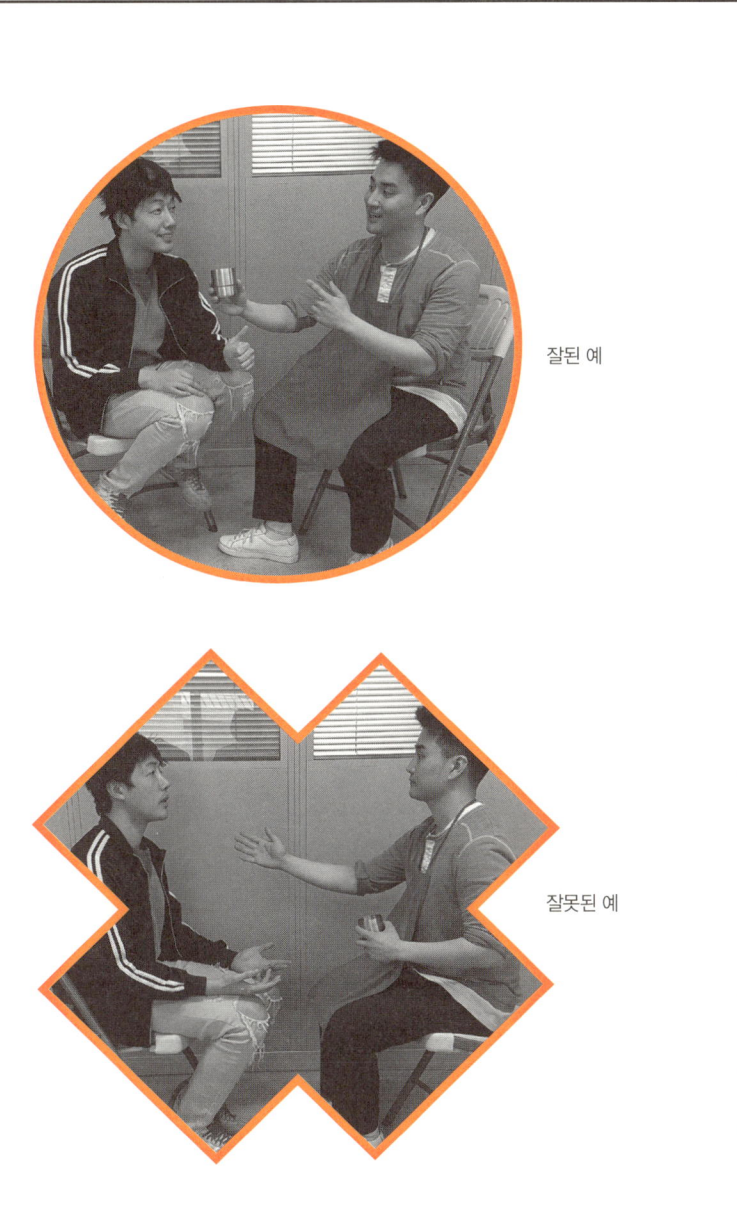

잘된 예

잘못된 예

일주일 전부터는 필요한 것들을 이렇게 표로 만들어서 꼼꼼하게 체크해보자.

시험 일주일 전 체크 리스트		
목록	준비된 것	준비할 것
의상	아저씨 상의, 가발	고무신
소품	파리채	
가발	할아버지 가발	
음악	시골 느낌 음악	소 울음소리
수험표	준비 완료	
신분증		재발급 받을 것
기타	자신감	
	발음 연습	
	개인기	

6장

드디어 시험이다

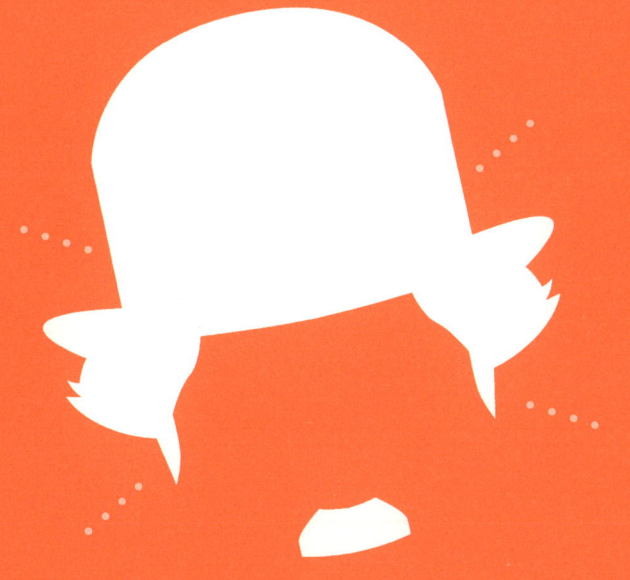

1차 시험,
100% 탈락 vs. 합격

▣ KBS 31기 코미디 연기자 선발 공고 ▣

1. 인원 : 0명

2. 응모 자격 : 대한민국 국적 소지자로 방송활동에 불가능한 사유가 없는 자

3. 공모 일정
   가. 원서 접수 : 2016년 6월 6일 (월) 09:00 ~ 2016년 6월 10일 (금) 18:00
   나. 접수 방법 : KBS 채용 홈페이지를 통해 온라인 접수(**http://gag2016.kbs.co.kr/**)
   다. 준비 서류 : 온라인 지원서, 지원자 사진(gif, jpg형태, 120*150 pixel로 등록)
                  대본(3분 분량, 원서 접수 시 별도 등록)

구분	일정
원서접수	2016. 6. 6(월) ~ 6. 10(금)
1차 전형(서류전형)	2016.6. 16(목)
1차 전형 합격자 발표	2016. 6. 17(금)
2차 전형(실기 및 면접)	2016. 6. 23(목)
2차 전형 합격자 발표	2016. 6. 24(금)
3차 전형(최종면접)	2016. 6. 30(목)
최종 합격자 발표	2016. 7. 1(금)
출근	2016. 7. 4(월)

* 모든 전형에 반드시 신분증 (주민등록증, 운전면허증, 여권 중 택1) 지참

웃기는 것은 시험장 가서 웃기고 원서는 최대한 정성을 들여 쓰자.

1차 전형은 개그맨 시험의 첫 번째 관문이다.

'에이~ 설마 저기서 떨어지겠어?'

'빨리 대충 쓰고 개그 연습이나 하자.'

'개그맨이니까 사진부터 웃기게 찍어야겠지?'

이런 생각을 했다면 힘들게 준비한 그 개그! 시험 날 심사 위원이 아닌 엄마 앞에서 하게 될 수도 있다.

1차 전형에서는 원서에 지원자 사진, 경력, 자기소개, 하고 싶은 코미디, 특기를 쓰고 개그 대본을 첨부한다. 절대 쉽게 생각하지 말자, 지금부터 시험 시작이다! 몇천 명의 지원자들을 2차 시험장에서 다 볼 수 없기 때문에 지원 서류를 보고 30% 정도를 탈락시킨다.

지원자 사진부터 웃기려고 이상한 표정을 짓고 이상한 옷을 입고 찍으면 탈락할 가능성이 크다. 인터넷에서 옹달샘(장동민, 유세윤, 유상무의 개그 팀)의 개그맨 시험 접수 사진을 본 적이 있을 것이다. 정말 엽기적인 표정으로 찍었다. 하지만 그 사진을 보고 나도 저렇게 해야겠다는 생각으로 따라 했다가는 탈락이다. 옹달샘은 〈한반도 유머 총집합〉이라는 KBS 아마추어 개그 프로그램에 출연 중이었고, 입소문까지 난 상태였다. 이미 얼굴이 알려진 상태에서 웃기는 것과 심사 위원들이 한 번도 보지 못한 지원자가 저렇게 웃기려 하는 것은 다르다.

지원자의 얼굴을 보고 싶어서 사진을 내라고 한 것인데 원래 얼굴을 모를 정도로 이상하게 찍은 사진을 낸다면 2차 시험에서 보고 싶을까? 사진

관에 가서 깔끔하게 찍으면 제일 좋고, 집에서 DSLR이나 휴대 전화 카메라로 찍더라도 여러 번 찍어서 최대한 잘 나온 사진으로 내자. 다시 한 번 말하지만 원서 접수할 때 사진을 내는 이유는 지원자가 코믹 분장을 하기 전 '쌩얼'을 보기 위해서다.

경력은 솔직하게 적고, 개그와 관련된 경력이 있다면 특히 자세히 적자. 자기소개는 내가 왜 개그를 해야 하는지, 개그맨이 돼야 하는 이유 위주로 적으면 좋다. 하고 싶은 코미디는 평소 개그 프로그램을 보면서 생각한 점과 그래서 자신은 이런 스타일의 개그를 하고 싶다는 내용을 쓰면 된다. 프로그램에 대한 칭찬만 쓰기보다는 약간의 비판과 더불어 자신이 그런 부족한 점을 채울 수 있는 개그를 갖고 있다는 식으로 자신감 있는 개그 철학을 보여주자.

특기가 특히 중요하다. 2차, 3차 시험에서는 이런 질문을 할 수도 있다. "특기에 이런 것을 적으셨는데 한번 볼 수 있나요?"
보통 준비한 개그가 합격하기에는 약간 부족하거나 심사 위원이 보기에 관심 있는 특기가 있으면 이 질문을 한다. 그러니 고민 없이 막 쓰지 말고 심사 위원이 시켜볼 수도 있다는 생각으로 쓰자. 시켰을 때 그냥 잘 하는 것이 아니라 개그까지 섞는다면 정말 좋다. 예를 들어, 랩을 잘한다고 썼다면 개그 프로그램을 디스하는 랩이나, 개그맨들의 이름을 넣어서 나와 비교하는 랩을 해서 잘하면서도 웃길 방법을 미리 생각해놓자.

개그 대본은 특히 정성들여 써야 한다. '제가 준비한 개그는 이런 개그입니다'라는 콘셉트가 한눈에 보여야 한다. 수많은 지원자의 개그 대본을 보기 때문에 내용이 이해하기 어렵거나 '시험장에서 보여드리겠습니다!'이렇게 써서 낸다면 떨어지기 딱 좋다.

"시험장에서 기대해 주세요."

"대본으로 봐서는 안 웃겨요. 직접 보여드리겠습니다!"

이렇게 자신감 있게 적고 혼자 생각을 해 보니 정말 기발하고 웃긴 것 같지만 잘 생각해 보자. 몇십 년간 수많은 사람들이 개그맨 시험을 봤는데 그동안 같은 생각을 한 지원자가 얼마나 많았을까? 매년 있었고 앞으로도 있을 것이다. 심사 위원 입장에선 얼마나 지겨울까? 저런 아이디어를 생각할 시간에 개그 내용을 더 고민하자.

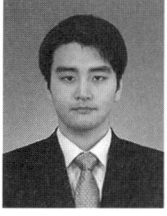

신인 코미디 연기자 모집
수 험 표

응시번호 :   127번
성명 :   오기환

나의 경우 다행히 1차에서 떨어진 적은 없었다. 하지만 매년 불안한 마음에 정성 들여 원서를 쓰고 수험표는 꼭 코팅해서 깔끔하게 갔다.

원서를 모두 작성했다면 혹시 맞춤법이 틀리지는 않았는지, 실수로 대본 대신 다른 파일을 첨부하지는 않았는지 두 번, 세 번 확인한 후 접수하자. 1차 때 당연히 붙는다는 생각은 절대 하지 말자. 이제부터 시험 시작이다. 2차 시험에 열심히 연습한 나의 개그를 보여주고 싶다면 서류 접수부터 신경 써서 잘 해야 한다.

접수 후 수험표를 출력할 수 있는데, 미리 출력해서 잘 보관하자. 잊고 있다 시험 당일 급하게 준비하느라 구겨지고 너덜너덜하게 들고 가지 말고 코팅까지 해서 깔끔하게 준비해 간다면 더 좋은 인상을 줄 수 있다.

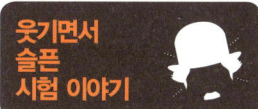
내 얼굴이
삼겹살보다 못해?

아직도 지원자들 사이에 논란이 되는 주제는 '시험은 언제 보는 것이 좋냐'다. 보통 오전 앞 번호를 선호하는데, 시험 초반이라 심사 위원들의 컨디션이 좋고 시간에 쫓기지 않아 개그를 길게 봐주지 않을까 하는 이유 때문이다. 하지만 1번으로 시험 봐서 합격한 사람도 있는 반면, 마지막에 봐서 붙은 사람도 있는 것으로 봐서 절대적인 영향은 없는 것 같다.

시험에도 유행이 있는데, '작년 시험에 이렇게 해서 많이 붙었다더라'가 다음 시험 준비의 기준이 된다. KBS 24기 시험 볼 때는 특히 오전 앞 번호가 유리하다고 소문이 나 우리끼리 눈치 경쟁을 했다. 먼저 지원한 사람이 있으면 몇 번인지 확인하고 지원했다.

꼭 오전 앞 번호에 시험을 보고 싶었던 한 지원자가 있었다. 지원을 해야 번호를 알 수 있기 때문에 가족들 이름으로 지원하며 원하는 번호를 기다리고 있었다. 가족이 붙어서 시험에 방해가 되면 안 된다는 생각에 일부러 원서 내용도 엉터리로 쓰고, 사진도 100% 떨어지도록 인터넷에 있는 삼겹살 사진으로 보냈다. 드디어 원하는 번호 차례가 왔고 그 지원자는 정성껏 지원서를 써서 보냈다.

드디어 1차 합격자 발표 날! 원하는 번호로 시험 볼 수 있다는 생각에 기분 좋게 합격자 명단을 확인했는데….

"어? 이럴 리가 없는데? 내 이름이 왜 없어?"

삼겹살은 붙고 본인은 떨어졌다! 내가 그 삼겹살이라고 말할 수도 없고 삼겹살로 분장해서 시험장에 갈 수도 없고, 집에서 눈물만 흘렸다는 웃기면서 슬픈 이야기다.

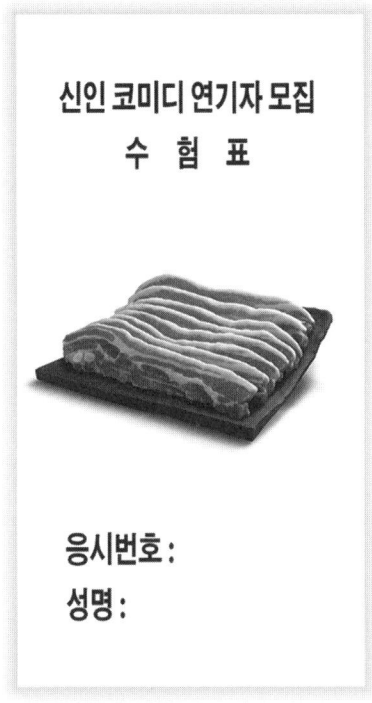

역시 시험은 잔머리보다는 개그 내용이 중요하다!

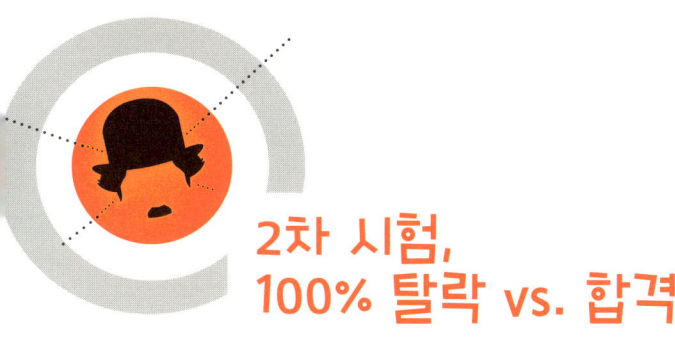

2차 시험,
100% 탈락 vs. 합격

2016 KBS 31기 코미디 연기자 모집 2차 실기 및 면접 일정 안내

- 대상자: 1차 서류심사 합격자
- 일시: 2016년 6월 23일(목) 오전 9시 30분부터
- 집합 장소: KBS 신관 공개홀 앞
- 집합 시간: 조별로 아래 참조

집합시간	수험번호
오전 8:30	1~190
오후 12:30	194 ~ 503
오후 3:30	505~648

※ 집합 시간을 꼭 지켜 주세요.
※ 면접에 필요한 소품이나 음악(USB, CD 이용)이 있는 경우 준비해오시길 바랍니다.
※ 수험표와 신분증을 반드시 지참해 주시기 바랍니다.
※ 수험표 출력은 여기에서! http://gag2016.kbs.co.kr/

KBS 31기 시험 때는 850명이 지원해 647명이 1차 서류 전형을 통과했다.

2차 시험 때의 일이다.

"다음 번호 들어오세요."

"127번 오기환, 개인입니다!"

준비해온 개그 시작 전에 기선제압으로 엉덩이 왼쪽 오른쪽에 '안', '녕'이라는 글자를 붙이고 물구나무서기를 했다. 전날까지 시험에 대해 고민하고 있을 때 같이 컬투 소극장에 있던 김한배 선배가 조언을 해 준 대로였다.

"기환아 이거 빵 터져~ 엉덩이에 글자 하나씩 붙이고 시작할 때 인사하면서 물구나무서기를 해! 지원자가 딱 물구나무섰는데 '안녕'이라고 쓰여 있어! 심사 위원들이 얼마나 웃겠냐?"

"와 진짜 시작할 때 빵 터지겠네요! 감사합니다!"

나는 솔깃해서 그대로 준비했다. 드디어 시험 당일, '웃으세요!'라는 자신감으로 물구나무서기를 했다. 근데 심사 위원 쪽이 조용했고 내 뒤쪽에서 킥킥대는 웃음소리가 들렸다. 이상하다, 왜 안 웃지? 예상치 못한 상황에 균형을 잃고 넘어졌고 다시 일어나 준비한 개그를 했다.

시험이 다 끝나고 나서야 알았다. 물구나무를 반대로 서서 '안녕' 글자를 뒤쪽에 보여준 것을. 심사 위원들은 '갑자기 물구나무서기를 왜 하는 거야? 심지어 잘 하지도 못하면서~ 이상한 녀석이네.'라고 봤을 테고 난 '왜 안 웃었지?'하는 생각에 한풀 꺾이고 시작해 준비해 간 개그도 제대로 펼치지 못했다. 그날 집에 가면서 계속 말했다. "과유불급! 과유불급!" 학창시절 한문 시간에 이거 왜 배우는 거야? 했는데 이럴 때 쓰라고 배운 것이었다니.

이렇게 잘 해보고 싶은 마음이 지나쳐 시험을 망치는 사람들이 있다. 한 형은 시험장에 진짜 '개미' 수십 마리를 상자에 담아 군대 조교처럼 개미를 훈련시키는 개그를 준비했다. "목소리 봐라, 이거 개미 목소리구만! 엎드려!" 이런 식으로 기합을 주는 개그였다. 처음에는 심사 위원들의 반응이 괜찮았다. 하지만 화생방 훈련을 한다고 에프킬라를 준비했는데 더 웃기고 싶은 마음에 연습 때보다 훨씬 많이 뿌려서 개미들이 다 죽어버렸다. 개미들이 움직이지 않자 당황해서 "기상! 기상!"을 외쳤지만 아무리 소리쳐 봐도 소용없었다. 살충제 효과는 너무 좋았다.

다른 형은 시험장에 입장할 때 시선을 끌고 싶어 고적대와 같이 들어갔다. 고적대가 나팔도 불고 북도 치고, 응원복을 입은 여자들이 "다음 누구 누구 들어갑니다!"라고 했다. 첫 인사에서는 심사 위원들이 빵 터졌지만 너무 기대감을 준 탓인지 인사보다 본 개그가 웃기지 않아 고적대와 함께 쓸쓸히 나왔다.

한 지원자는 잘 하려는 생각에 너무 긴장을 한 탓인지 인사하면서 쓰러졌다. 심사 위원들은 웃기려고 그런 줄 알고 한참을 지켜보다 "일어나세요! 계속 누워있으면 탈락 처리합니다."라고 말했다. 하지만 그 지원자는 일어나지 못했고, 결국 시험장에 119 구급대가 출동했다.

무엇이 잘못된 것일까? 심사 위원들은 아침부터 수많은 개그를 계속 봐서 이미 지쳐 있다. 거기에 당신까지 의욕이 앞서 심사 위원들이 볼 때 '이상한 짓'을 한다면? 거기에 재미까지 없다면? 정말 큰일이다. "빨리 개그나 시작하지 뭐 하는 거야? 못 웃기기만 해 봐!" 이렇게 마음먹을 수 있다.

준비한 개그를 보여주기 전에 웃겨서 주목받고 싶고, 이렇게 하면 정말 웃길 것 같고, 안하면 평생 두고두고 후회할 것 같으면 해도 좋다. 하지만 시험장에는 변수가 많다. 앞 사람도 이상한 짓을 해서 이미 심사 위원들이 화가 나 있거나, 막상 개그를 시작하려니 갑자기 긴장이 된다거나, 앞 사람이 생각보다 빨리 끝나서 갑자기 들어갈 수도 있다. 거기에 시험장에서 개인에게 주어지는 시간은 정말 짧다.

시간이 얼마나 주어질 것이라고 생각하는가? 10분? 15분? 2차 시험에선 보통 2~3분이 주어진다. 그것도 시험장 밖에 있다가 걸어 들어가는 시간까지 포함해서다. 들어가서 인사하는 동안 벌써 20초가 지나는데 3분이 얼마나 짧겠는가? 웃기는 것도 중요하지만, 시간을 낭비하는 실수를 줄이는 것도 정말 중요하다. 들어가자마자 자신감 있게 인사하고 준비한 개그를 실수 없이 보여준다면 입장부터 우왕좌왕하는 수많은 지원자 중에서 더 빛나 보이지 않을까? **1분 30초안에 실수 없이 나의 개그를 보여주는 것이 2차 시험의 핵심이다!**

내가 벌써 쓴 개그 대본만 2~3장! 시간을 재보니 5분이 훨씬 넘는데 1분 30초안에 개그를 효과적으로 보여줄 수 있는 방법이 있을까?
있다! 지금부터 2차 시험 100% 통과에 대해 알아보자!

2차 시험부터는 준비한 개그를 직접 하는 실기 시험인데, 일단 시험장

분위기를 알아야 한다. 개그맨 시험이라고 뭔가 장난스러운 분위기를 기대한 사람들은 정반대의 분위기에 당황한다. 테이블에 심사 위원이 앉아있고 지원자들의 개그를 찍기 위해 카메라가 돌아가고 군기가 바짝 든 시험 진행 요원이 서 있다. 세상에서 제일 진지한 회사 면접장이라고 생각하면 된다. 여기서 어떻게 해야 1분 30초 정도 되는 시간 동안 나의 개그를 보여줄까? 딱 두 가지만 줄이면 된다.

첫째, 대본을 줄이자.

1장 정도로 확 줄여야 한다. 준비한 개그 대본을 다시 보며 재미없는 부분은 과감하게 빼자. 재미없는 부분은 남들에게 보여주지 않아도 스스로 안다. 연습하면서 건너뛰고 싶고 지루한 부분이 있으면 고민하지 말고 빼버리자. 대본으로 봤을 때 재밌었는데 실제 연기를 해 보니 재미없는 내용, 비슷한 내용, 불쾌한 내용, 식상한 내용, 전체적으로 봤을 때 없어도 되는 내용도 빼자. 제일 웃기다고 생각하는 부분이 뒤에 있다면 앞으로 옮기자. 시작하고 10초, 늦어도 15초 안에는 첫 번째 웃음을 줘야 한다.

대본이 너무 짧아지는 것 아닌가? 라고 걱정할 수도 있다. 하지만 실제 시험장에서는 내가 생각한 재밌는 부분 2~3개만 보여주면 심사 위원이 "됐습니다. 개인기 해 보세요."라고 한다. 2차 때는 지원자가 많아 시간도 없고, 심사 위원들의 경우 여러분이 준비한 개그의 시작만 봐도 어떤 콘셉트인지 어떤 내용일지 예상 가능하다. 내가 생각했을 때 웃기는 부분이 10개 정도 있다면 5개 정도만 확실하게 보여준다는 생각으로 확~줄이자. **영화 예고편을 보여주듯이 짧고 강한 내용으로 만들어야 한다.**

자, 그럼 실제로 개그 대본을 줄여보자. 2차 시험 때 할 개그가 원서 접수 때 제출한 대본과 토씨 하나 다르지 않아야 하는 것은 아니다. 아래 대본은 백윤석 변요한 주연의 영화 〈당신 거기 있어 줄래요〉를 패러디한 '당신 거기 그대로 있어 줄래요' 코너의 대본이다.

///

BG. 오프닝

한민 희원이 얘는 또 늦네.

기환 윤한민? 만나서 반갑다. 난 미래에서 온 너다.

한민 무슨 소리예요?

기환 (민증 보여줌)

한민 내꺼잖아. 당신 소매치기야? 어? 내껀 여기 있는데?

기환 난 미래에서 온 너야. 내가 너고, 네가 나야. 컴퓨터 직박구리 폴더에 숨김폴더 비번 4324맞지?

한민 뭐야! 당신 그걸 어떻게 알어?

기환 내가 얘기했잖아, 미래에서 온 너라고.

한민 알겠어요. 그런데 키가 왜 이렇게 작아요? 미래에 저한테 무슨 일 있었어요?

기환 너 여자 친구 자주 업어주지?

한민 네.

기환 너무 자주 업지 마라. 업는게 이렇게 무릎에 안 좋다.

한민 네, 알겠어요. 근데 미래에서 여기까지 왜 왔어요?

기환 나 치맥 먹으러 왔다.

한민	무슨 치맥 먹으러 미래에서 와요… 잠깐만. 미래에 치맥 없어요?

BG. 슬픈 음악

한민	아니 그럼 불금에 뭐해요?
기환	불금? 인구가 줄어서 다시 주 6일 근무를 하지. 이젠 불토야.
한민	말도 안 돼. 근데 고작 불금 때문에 온 건 아니죠?
기환	나 희원이 얼굴 보러 왔다.
한민	희원이 얼굴 미래에서 보면… 미래에 희원이 없어요?

BG. 슬픈 음악

기환	너 희원이 좋아하냐?
한민	사랑해요.
기환	너 희원이를 위해서 뭘 할 수 있냐?
한민	제 목숨까지 바칠 수 있어요.
기환	내 얘기 잘 들어. 그럼 오늘 희원이가 뭐 하자고 하면 무조건 안 된다 그래, 알았어?
한민	네?
기환	1분 뒤에 희원이 올 거야. 무조건 안 된다고 해.
한민	뭔 소리에요, 희원이는 약속 시간 30분씩 늦게 와요.
기환	꼭 이런 날은 일찍 오더라고.
희원	오빠~
한민	희원아 왔어?
희원	많이 기다렸어? 나 부탁 있는데 들어줄 수 있어?
한민	들어 보고.
희원	왜 들어 보고야, 당연히 된다고 해야지.

한민	오늘은 일단 들어 볼게.
희원	이상하네. 오빠 나 다음 주에 휴가거든, 그때 여행가자 단둘이.

BG. 갈등하는 음악

한민	단둘이? (좋아하다 기환 눈치보고) 안될 것 같아.
희원	왜?
한민	단둘이 뭐하고 놀아.
희원	단둘이 놀아야 재밌지.
한민	너랑 둘이 뭐해, 친구들 다 같이 가야 재밌지.
희원	뭐야, 나 오빠랑 여행가서 입으려고 비키니도 샀단 말이야.
	(꺼내면)

BG. 갈등하는 음악

한민	비키니? 안 돼! 이런걸 입고 무슨 놀러를 가, 안 돼! 너 노출증이야?
희원	아니야, 그럴 줄 알고 원피스도 샀지.
한민	너 왜 이렇게 과소비가 심해? 수영복이 두 개씩이나 필요해?
희원	세일해서 원 플러스 원으로 산거야.
한민	너 왜 이렇게 애가 짠돌이야! 너랑 여행 안 가.
희원	뭐야, 진짜 짜증나게. 나도 오빠랑 안가! (나간다)
한민	희원이 화났어요. 저 그냥 여행 갈게요.
기환	여행은 절대로 안 돼.
한민	이번에 여행 가면 사고 나요?
기환	둘이 결혼해.
한민	그럼 좋은 거잖아요.
기환	나도 좋을 줄 알았어. 너 희원이 왜 좋아하냐?

한민	얼굴도 이쁜데 털털하잖아요.
기환	그래? 사진 한 번 볼래?
한민	(사진 보면) 뭐야 이 아저씨… 잠깐, 희원이 아니야?
	머리는 왜 이렇게 짧고, 젤 바르고 세우기까지 했네?
	이렇게 변해요?
기환	희원이 그 머리하고 조기 축구회도 나가더라.
한민	괜찮아요 그래도 희원이, 얼굴은 이쁘잖아요.
기환	(사진 보여주면) 이것도 볼래?
한민	뭐야 아기가 왜 이렇게 못 생겼어? 누구 애에요?
기환	누구 애겠어?
한민	남자니까 다행이지.
기환	딸이야.
한민	말도 안 돼. 희원이랑 결혼했는데 어떻게 이럴 수 있어요?
기환	성형이 이렇게 무섭다.
한민	이래서 여행 가지 말라고 한거구나… 그럼 저는 누구를 만나요~
기환	후배 중에 민희 있지?
한민	걔는 진짜 내 스타일 아니에요.
기환	(신문 보여주며) 2047년 로또 1024회 1등 누적 당첨금 98억.
한민	98억?
기환	10초 뒤에 민희 도착한다. 네 미래는 니가 만드는거야.
민희	아 또 이번에도 안 됐네. 내가 로또 하나 봐라.
한민	안 돼! 그렇게 쉽게 포기하지 마. 될 때까지 해.
민희	이제 돈도 없어요.

한민	그 돈 내가 주면 될 거 아니야.
민희	아니 그 돈을 왜 선배가 줘요. 평생 내 옆에 있을 건가?
한민	평생 있으면 되잖아. 넌 앞으로 로또만 해.
민희	안 돼요. 저도 취업 준비해야 해요.
한민	취업 준비 하지 마. 그 손으로 평생 로또만 해.
민희	선배 지금… 저한테 프로포즈 하시는 거에요?
한민	그래~
희원	오빠 아까는… 뭐야, 누구야?
민희	선배 저 여자 누구에요??
한민	그냥 아는 여자야. 넌 저런 거 신경 쓰지 말고 로또나 신경 써!
희원	저 여자 누구냐고?
한민	그게 중요한 게 아니야. 너 성형했지?
희원	누가 그래. 나 아니야.
한민	내가 코 만져 볼까?
희원	내 코 만지지 마. 누가 손을 대… 다시는 연락 하지 마… 중학교 때 한 거라 티 안 날 텐데….
한민	저 잘한 거 맞아요?
기환	괜찮아. 네 미래랑 아이는 내가 만드는 거야. 이제 바뀐 미래를 보자! (사진 꺼내며)
한민	뭐야. 누구야 이게? 아까가 더 나은데요?
기환	야 희원이 잡아! 택시 탄다. 빨리! 뛰어!!

이렇게 3장 정도의 내용은 5분이 넘어간다. 이 대본을 대사도 최대한 짧게 해서 시험용으로 줄인다.

//

BG. 오프닝

기환   만나서 반갑다. 난 미래에서 온 너다.

한민   뭔 소리야? 증거 있어?

기환   컴퓨터 직박구리 폴더 숨김 파일 비번 4324맞지?

한민   뭐야! 그걸 어떻게 알어? 봤어? 엄마한테 이르지 마!

기환   내가 얘기했잖아. 미래에서 온 너라고.

한민   미래에서 왜 왔어요?

기환   희원이 얼굴 보러 왔다.

한민   희원이 얼굴 미래에서 보면… 미래에 희원이 없어요?

BG. 슬픈 음악

기환   오늘 희원이가 뭐 하자고 하면 무조건 안 된다 그래, 알았어?

한민   네?

기환   1분 뒤에 희원이 올 거야. 무조건 안 된다고 해.

희원   오빠~

한민   희원아 왔어?

희원   많이 기다렸어? 나 부탁 있는데 들어줄 수 있어?

한민   들어 보고.

희원   왜 들어 보고야, 당연히 된다고 해야지.

한민   뭔데?

희원   오빠, 나 다음 주에 휴가거든. 그때 여행가자 단둘이.

BG. 갈등하는 음악

한민   단둘이? (기환 눈치보고) 안 될 거 같아! 단둘이 가면 재미없어!

희원   가자~ 가서 입으려고 비키니 샀어!! (꺼내는)

BG. 갈등하는 음악

한민   비키니?? 너 노출증이야?

희원   아니야, 그럴 줄 알고 원피스 수영복도 샀지.

한민   완전 과소비야! 수영복이 두 개씩이나 필요해??

희원   원 플러스 원으로 산거야.

한민   왜 이렇게 애가 짠돌이야!

희원   나 오빠랑 여행 안가! (나가는)

한민   희원이 화났어요. 저 그냥 여행 갈게요.

기환   여행은 절대로 안 돼!

한민   이번에 여행가면 사고 나요?

기환   둘이 결혼해.

한민   그럼 갈래요! 전 예쁜 아기 낳는 게 소원이에요!

기환   사진 한번 볼래?

한민   뭐야 애기가 왜 이렇게 못 생겼어? 누구 애에요?

기환   누구 애겠어?

한민   희원이랑 저요? 그래도 남자 애라 다행이네.

기환   딸이야.

한민   네? 예쁜 희원이랑 결혼했는데 어떻게 이럴 수 있어요?

기환   성형이 이렇게 무섭다.

한민	완전 속았네! 그럼 전 누굴 만나요?
기환	후배 중에 민희 있지?
한민	걔는 진짜 내 스타일 아니에요.
기환	2047년 로또 1024회 1등 누적 당첨금 98억.
한민	98억?
기환	10초 뒤에 민희 도착한다. 네 미래는 직접 만드는 거야.
민희	아 또 안됐네! 내가 다시는 로또 하나 봐라.
한민	안 돼! 포기 하지 마. 될 때까지 해.
민희	이제 돈도 없어요.
한민	그 돈 내가 줄게!
민희	아니 그 돈을 왜 선배가 줘요. 평생 내 옆에 있을 건가?
한민	평생 있으면 되잖아. 넌 앞으로 로또만 해.
민희	안 돼요 저도 취업 준비해야 해요.
한민	취업 준비 하지 마. 평생 로또만 해.
민희	프로포즈 하시는 거에요?
한민	그래~ 자 돈 줄게 가서 로또 해!
기환	잘했어 이제 바뀐 미래를 보자! (사진 꺼내는)
한민	으악! 아까가 더 나은데요?
기환	야 희원이 잡아! 빨리! 뛰어!

둘째, 불필요한 시간을 줄이자.

　연습할 때 시간을 재어 보자. 준비한 개그를 하는 시간만 재지 말고, 처음 들어가서 인사하는 시간까지 합해야 한다. 개그와는 상관없는 시간이 있을 것이다. 뛰어가라는 이야기는 아니지만 최대한 빠른 걸음으로 들어가자. 시험 볼 때 필요한 소품이 여러 개라 들고 갈 때 시간이 오래 걸린다면 박스를 만들어 한 번에 담아가자. 부피가 커서 들고 가는데 시간이 오래 걸린다면, 친구에게 부탁을 해서 자신은 들어가자마자 인사하고 친구가 그 시간 동안 소품을 옮겨 놓는 방법도 있다. 최대한 불필요한 시간을 줄이는 방법을 생각하자.

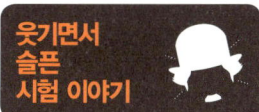
진영아,
애들 좀 그만 굶겨라!

말실수를 잘 하는 선배가 있다. KBS 26기 정진영 선배인데, 평소에도 재미있는 말실수를 많이 해서 큰 웃음을 준다. 개그맨들은 방송국에 합격한 후 1년 차에서 2년 차까지 시험 진행 요원을 한다. 진행 실수를 하면 시험이 늦어지는데, 워낙 지원자가 많기 때문에 원활한 진행을 위해 바짝 긴장한다. 정진영 선배도 시험 진행을 했는데, 긴장을 해서 그런지 실수 연발이었다.

시험을 시작할 때는 "245번 시작합니다!"라고 해야 하는데 "245번 출발!"이라고 말했다. 당황한 지원자가 '어디로 가야 되나요?'라는 표정으로 진영 선배를 봤는데 한 번 더 "출발!"이라고 하는 바람에 앞으로 좀 걸어가다 개그를 시작했다.

심사 위원이 "지금 몇 시니?"라고 물었는데 빨리 대답해 줘야겠다는 생각에 시계도 안보고 그냥 "네, 1시 20분입니다."라고 짐작해서 말해 버리기도 했다. 결국 "뭐야 너 시계도 안 차고 있는데 뭘 보고 말하는 거야? 그리고 시간도 틀리잖아?"라는 말을 들었다. 이렇게 지원자보다 더 큰 웃음을 줬다.

'결식' 실수도 많이 나왔다. 시험 접수를 하고 시험장에 안 나오는 사람을 '결시'라고 하는데 그런 사람이 있으면 진행 요원이 심사 위원에게 "124번 결시입니다."라고 말해준다. 그럼 심사 위원은 124번 번호는 0점 처리하고 다음 번호부터 점수를 준다. 하지만 진영 선배는 "124번! 결식입니다."라고 말해 버렸다. 한 번이면 그냥 넘어가겠는데 그날따라 '결시'가 많아 '결식' 실수도 여러 번 나왔다. 보다 못한 심사 위원이 한마디 했다. "진영아 애들 좀 그만 굶겨라, 다 굶어 죽겠다."

이 선배가 우리 기수 시험 볼 때 진행을 했는데 우리한테 감사하라고 말하곤 한다.

"붙은 애들은 감사해야 해! 내가 진행 실수를 해서 많이 떨어트렸거든. 너희들 경쟁률을 줄여줬잖아."

이 선배가 진행하는 시험장으로 안 들어간 건 정말 하늘이 도운 일이다.

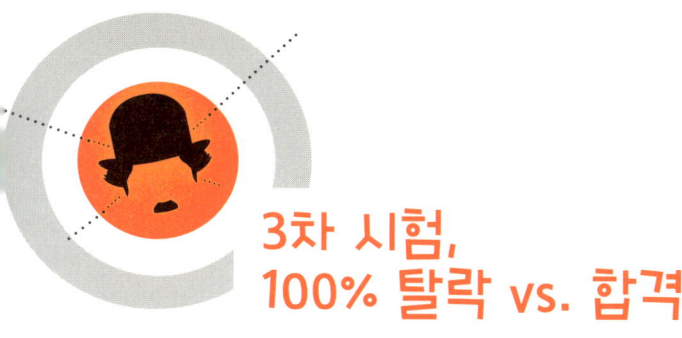

3차 시험,
100% 탈락 vs. 합격

2016 KBS 31기 코미디 연기자 모집 3차 실기 및 면접 일정 안내

- 대상자: 2차 실기 및 면접 합격자
- 일시: 2016년 6월 30일(목) 오전 10시부터
- 집합 장소: KBS 신관 공개홀 앞
- 집합 시간: 접수 번호별로 아래 참조

집합시간	수험번호
오전 9:00	4 ~ 100
오후 12:30	115 ~ 297
오후 3:30	299 ~ 617

※ 3차 실기 내용 : 자유연기(본인이 준비한 개그) + 지정연기 + 개인기
※ 집합 시간을 꼭 지켜 주세요.
※ 면접에 필요한 소품이나 음악(USB, CD 이용)이 있는 경우 준비해오시길 바랍니다.
※ 수험표와 신분증을 반드시 지참해 주시기 바랍니다.
※ 수험표 출력은 여기에서! http://gag2016.kbs.co.kr/

떨리던 2차 시험을 무사히 통과했다! 2차에선 647명에서 89명이 합격했다.

처음 시험 볼 때는 2차까지 합격해도 정말 기분이 좋다. 그래서 3차 시험의 가장 큰 적은 자기만족이다.

"시험 처음 보는데 여기까지 온 것도 대단해."

"3차까지 온 게 어디야, 실력을 키워서 내년에 다시 오자."

"나보다 잘하는 사람이 많네? 여기까지 온 것도 기적이다."

시험 준비부터 지금까지 몸과 마음은 지쳐 있다. 2차, 3차 올라갈수록 그 긴장감과 피로는 몇 배가 된다. 이럴 때 3차 시험을 앞두고 자포자기 상태에 빠질 수 있다. 하지만 내년에 시험을 또 보면 확실히 붙을 수 있을까? 이번에 3차까지 왔다고 내년에도 또 온다는 보장이 없다. 1차에서 떨어질 수도 있고 2차에서 떨어질 수도 있다. 그러면 또 1년은 그냥 지나간다.

내가 처음 봤던 KBS 21기 시험. 최종 3차에서 떨어지고 집에 가는데 같이 3차 시험에서 떨어진 누나가 말했다.

"넌 시험 떨어졌는데 왜 싱글벙글 웃니?"

"처음인데 3차까지 온 게 어디에요, 내년에 또 하면 되지."

"넌 참 속도 좋다."

나는 저렇게 말하고 KBS 개그맨에 붙기까지 7년이 걸렸다. 그 당시 3차에 최종 50명이 남았었다. 솔직히 말하면 거기에 뽑힌 것만도 대단하다고 생각했다. '개그 시작한지 얼마 되지도 않았는데 3차까지 오다니 대단해!' 이런 생각이었는데, 지금 생각하면 참 바보 같다. 그 다음 시험, 또 그 다음 시험에도 3차에서 떨어졌는데 3차까지 간 것을 대견하게 생각하지 말고 '왜 3차에서 떨어지는지' 그 이유를 찾았어야 했다. 워낙에 낙천적인 성격이라 내년에 또 하면 된다고 마음 편하게 생각했다. 하지만 그때 만족하지 말라고 옆에서 진지하게 조언해 주는 선배가 있었다면 더 빨리 시험에 붙었을 것이다. 분명히 말하겠다.

3차까지 온 것으로 절대 만족하지 마라.

우리의 목표는 합격이다! 여기서 멈춘다면 3차 시험은 100% 탈락이다.

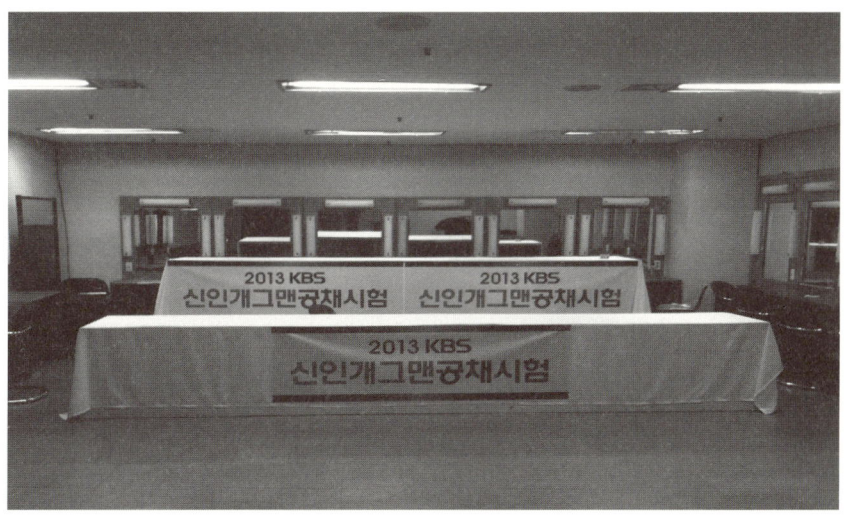

드디어 3차 시험! 심사위원이 2배가 되고 긴장감은 더 커졌다.

3차 시험에 합격하기 위해선 어떻게 해야 할까? 2차 때부터 웃긴 개그로 심사 위원들에게 입소문 난 사람 빼고는 다 비슷한 출발선이다. 2차 때부터 심사 위원을 빵빵 터트려서 시원한 웃음을 준 지원자는 1~2명 정도 되는데, 이 사람들은 3차 때 큰 실수 없이 2차 정도의 웃음만 보여주면 무난히 합격할 수 있다. 하지만 안심하기는 이르다. 2차 때 심사위원이 2팀으로 나눠져 있다가 3차 때 합쳐지는데, 입소문까지 난 상태에서 실수를 하고 잘못한다면 더 큰 실망감을 줄 수 있다. 2차 때 잘했든 못했든 끝까지 긴장을 놓지 말자. 특히 3차 시험은 합격과 불합격이 1점 차이로 결정될 정도로 치열하다. 시험장 문을 닫고 나오는 순간까지 최선을 다해야 한다.

이번이 마지막이라는 생각으로 시험을 보자. 이번이 첫 시험인지 계속 도전하고 있는 시험인지는 상관없다. 이번이 내 인생 마지막 시험이라는 생각으로 최선을 다해야 좋은 결과가 있다. 선배나 후배들에게 물어보면 마지막이라 생각하고 봤는데 붙었다는 사람이 많다. 3차까지 올라왔으면 실력이 비슷하기 때문에 그때의 마음가짐이 합격과 불합격을 가르는 듯하다. 나 역시 마지막 시험이라고 생각했을 때 합격했다.

2차 시험 때는 몇백 명의 지원자를 평가하기 때문에 자유연기, 개인기만 보기에도 시간이 부족했다. 하지만 3차 시험은 몇십 명만 보면 된다. 시간 여유가 있기 때문에 지원자에게 충분한 시간을 준다. 2차 때 3분 정도였다면 3차는 10분, 많게는 15분까지 주어진다. 3차 시험에는 **지정연기**와 **질문**이 추가된다. 지정연기는 개그 대본의 웃기는 부분을 비워놓고 아이디어 짜는 능력과 연기를 테스트한다. 지정연기 대본은 3차 시험 당일 시험장에서 나눠준다. 예를 들면 아래와 같다.

지정연기 (남녀 공통)

| 예 | **사회자** 퀴즈쇼~1 대 1! 오늘도 수많은 참가자들이 도전해 주셨는데요, 첫 번째 참가자부터 만나 보겠습니다.

　　　　지원자 반갑습니다. 요즘 병원 다니고 있는 이병원입니다.
　　　　(　　　　　　　　　)

이렇게 문제가 나오면 이병원 역할의 내용을 시험 보기 전에 생각하고, 연기해야 한다. 보통 한 개 또는 두 개의 지정 연기 문제를 주는데 하나만 선택해서 하면 된다.

아이디어 생각하는 훈련이 되어 있지 않으면 대본을 받자마자 머리가 막막하다. 시험 전 개그 프로그램을 보며 '이 코너에서 이런 캐릭터가 지정 연기로 나오겠다' 하는 예상 문제를 여러 개 선택해서 미리 짜놓자. 시험 당일 생각하려고 하면 자기 시험 차례가 다가올수록 마음이 급해져 제대로 생각할 수 없다. 자유연기는 오랜 시간을 들여 아이디어를 생각하고 제일 자신 있는 연기로 준비했을 테니, 지정연기로 개그 짜는 능력과 연기력을 객관적으로 테스트한다. 받쳐 주는 역할을 진행 요원을 하는 선배가 해 주고, 웃기는 역할을 지원자가 하니 당황하지 말자.

어떤 문제가 나올지 예상이 어렵다면 두 가지만 기억하자.
첫째! 지정연기는 **누구나 알 수 있는 코너**에서 나오고,
둘째! 그 중에서도 **주인공 캐릭터**가 나온다.
예를 들면, 이제까지는 '비상대책위원회' 코너의 김원효 선배 캐릭터, '깐죽거리 잔혹사'의 조윤호 선배 캐릭터, '뿜엔터테인먼트'의 김지민 선배 캐릭터 등이 출제되었다. 참고로 KBS 31기 때는 이런 문제가 나왔다.

KBS 31기 지정연기 (남녀 공통)
'1대1' 이병원 캐릭터 '가족같은' 김대성 선배 캐릭터

지금 시험문제가 나온다면 '아무 말 대잔치', '연기돌', '불상사' 코너에서 나올 것 같다.

지정연기까지 마치면 질문을 한다. 질문은 서류 접수 할 때 쓴 특기나 경력, 개인 정보를 물어 본다. 이것도 예상 질문을 뽑아 볼 수 있다.

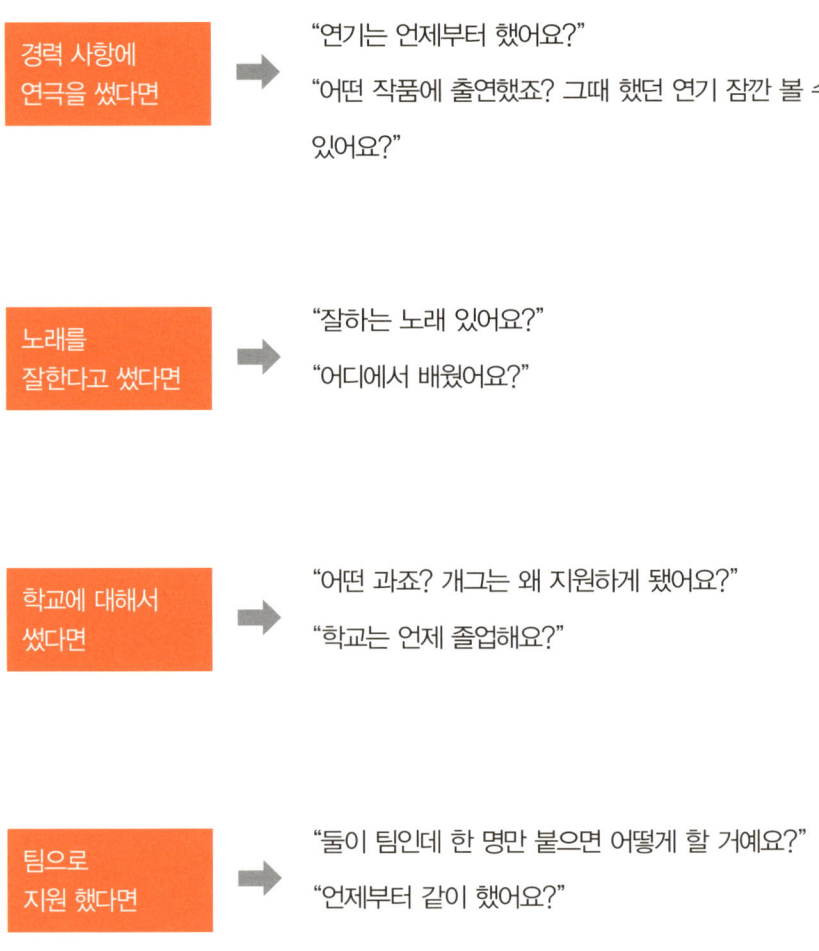

경력 사항에
연극을 썼다면
→
"연기는 언제부터 했어요?"
"어떤 작품에 출연했죠? 그때 했던 연기 잠깐 볼 수 있어요?"

노래를
잘한다고 썼다면
→
"잘하는 노래 있어요?"
"어디에서 배웠어요?"

학교에 대해서
썼다면
→
"어떤 과죠? 개그는 왜 지원하게 됐어요?"
"학교는 언제 졸업해요?"

팀으로
지원 했다면
→
"둘이 팀인데 한 명만 붙으면 어떻게 할 거예요?"
"언제부터 같이 했어요?"

심사 위원이 어떤 질문을 할지 10개 정도 뽑아서 미리 연습을 해 보자. 단답형으로 답하지 말고 재치를 보여줄 수 있는 대답을 생각하자. 정말 궁금해서 하는 질문도 있지만 순발력을 보려고 질문하기도 한다. 그러니 답할 때도 웃음을 주면 좋다. 만약 "팀인데 둘 중에 한 명만 붙으면 어떻게 할 거예요?"라는 질문을 받는다면? 잠시 센스 있는 대답을 생각해 보자!

"예, 죽을 때까지 같이 가는 것 아니면 여기서 해체해도 괜찮을 것 같습니다!"

"개그 발전을 위해서라면 더 잘하는 사람을 뽑아 주세요! 그런데 이 친구는 아닙니다."

"저희는 팀입니다. 한 명 출연료를 나눠 반씩 받아도 괜찮으니 둘 다 합격시켜 주세요!"

3차 시험에서는 특히 절대 당황하는 모습을 보여선 안 된다. 아무리 신인이라도 방송국은 개그 학교가 아니기 때문에 '방송 출연'에 준비된 사람을 원한다. 최대한 프로 같은 모습을 보여주자. 실수를 했더라도 "죄송합니다! 다시 하겠습니다."라는 말보다는 과감한 애드리브로 위기를 웃음으로 바꿀 수 있다. 파트너가 계속 실수를 하면 "떨어지려면 너 혼자 떨어져!", 소품을 깜빡하고 잊었다면 "선글라스! 소품이 있다고 상상해 주세요!" 하는 식이다. 하지만 애드리브를 많이 하면 연습이 덜 된 인상을 줄 수 있으니 정말 위기의 순간에만 쓰자. 애드리브 훈련을 하려면 연습을 하다 틀리는 부분이 있을 때 멈추지 말고 진짜 시험처럼 애드리브를 쳐 보자.

만약 2차 때 시험 본 개그가 반응이 좋아 웃겼던 부분은 남겨두고 안 웃겼던 부분만 고쳐서 하는 거라면, 심사 위원이 또 웃을 것이라는 기대감은 버리자. 작은 차이로 웃거나 안 웃거나 할 수 있으니 3차 때도 똑같이 웃을 것이라는 보장이 없다. 괜히 기대했다가 심사 위원이 웃지 않으면 당황스럽다. 그 영향으로 대사를 까먹거나 파트너와 호흡이 깨지기도 한다. 2차 때의 생각은 버리고 연기에 최대한 집중하자.

시험장에서 심사 위원들을 웃기기는 정말 힘들다. 그래서 지원자들은 준비한 개그에 자신감을 잃어버린다. 거기에 심사 위원 수가 2배가 되기 때문에 2차보다 당연히 더 긴장되고 기가 죽는다. 하지만 자신감을 잃어버리는 순간 시험은 끝이다. 오랜 훈련을 한 개그 지망생이 아니면 개그 짜는 실력은 비슷하다. 나의 개그에 자신감을 불어넣어 최대한 재미있어 보이게 하자. 신기하게도 같은 내용의 개그라도 내가 정말 재미있다고 생각하고 연기하면 재미있어 보이고, 재미없다 생각하면 재미없게 보인다. 연습할 때 동영상 촬영을 해 비교해 보면 확실한 차이를 볼 수 있다.

자, 원하던 개그맨의 꿈에 거의 다 왔다. 끝까지 자신감을 잃지 말자!

내가 바로
애드리브의 천재다.

21기 시험 때 전설처럼 내려오는 3차 시험 팀이 있다. 그 팀의 작전으로 22기 시험 판도가 바뀌었다. 시험 역사상 거의 최초로 시도된 시험 아이템인데, 21기 권재관, 21기 김종은 선배의 팀이었다. 시험장에 들어가자마자 권재관 선배가 심사 위원 옆에 앉고 김종은 선배는 개그를 시작했다. 권재관 선배가 심사 위원을 위해 준비된 과자와 음료수를 같이 마시며 능청스럽게 심사 위원에게 말을 걸었다.

"쟤야~ 쟤. 내가 말했던 애. 잘하는 애라니까?"

김종은 선배는 계속 개그를 하고 권재관 선배도 계속 말했다.

"저거 봐, 웃기다니까. 웃기지? 점수 몇 점 줬어? 아, 많이 좀 줘! 내가 보증한다니까?"
"야 딴 거 없어? 그거 해 봐. 너 잘하는 거 있잖아?"

굉장히 실험적인 시험 아이템이었는데 다행히 심사 위원들이 빵빵 터졌다. 결국 1등으로 합격했다. 심사 위원 모두가 웃었는데 한 심사 위원이 권재관 선배를 보고 이런 말을 했다. "그런데 자네는 개그를 안 했잖아? 한 게 뭐야?" 이 상황에서 당황했다면 이렇게 좋은 성적으로 둘 다 합격했을지는 모르겠다. 하지만 이 한마디로 이 팀은 당당히 1등으로 붙는다!

"역할 바꿔서 다시 할까요?"

이 시험 후로 심사 위원에게 들이대는 개그가 많아졌고, 붙을 것이라고 기대하고 준비한 지원자들은 오히려 떨어지기도 했다. 그리고 시험장 주의 사항이 추가되었다.
"심사위원에게 과도한 개그 금지."

7장

합격을 축하합니다

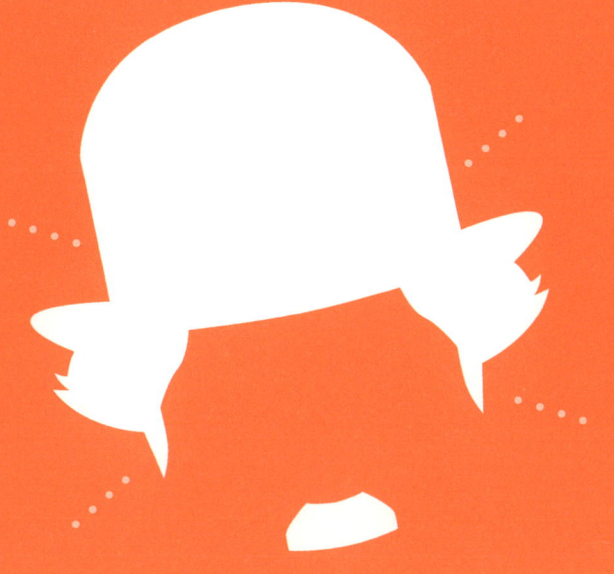

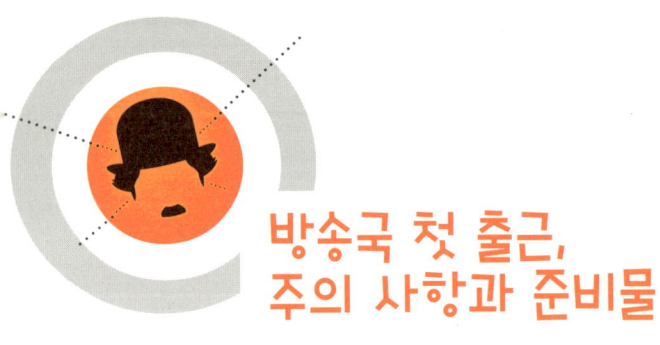

방송국 첫 출근,
주의 사항과 준비물

127번 오기환? 어? 우와, 합격이다! 세상이 환하게 빛나 보인다. 내가 합격이라니! 불가능할 것 같았는데 수많은 사람들을 뚫고 내가 방송국에 들어가다니! 정말 날아갈 것 같은 기분이다. 합격을 축하하며 방송국에서 연락이 온다. 얼마나 기분 좋은 순간인가? 개그맨 생활에서 제일 기분 좋은 순간이다. 하지만 좋아하긴 이르다. 지금부터 시작이다. 개그맨 관문을 이제 통과한 것이다. KBS는 여의도로, SBS는 대학로로, tvN은 상암동으로 출근한다. 지금까지 개그 지망생들과의 경쟁이었다면 이제부턴 프로 개그맨들과 경쟁이다!

드디어 꿈에 그리던 방송국 첫 출근이다. 시험에 당당히 합격도 했겠다, 금방 스타가 될 것 같지만 방송국에 가 보면 알게 된다. 앞으로 경쟁에서 이겨야할 개그맨이 정말 많다는 것을. 방송에서 보던 개그맨은 빙산의 일각이다. 훨씬 더 많은 개그맨들이 있다. 그중에서 여러분이 막내다. 첫 출근에서는 3가지만 조심하면 된다.

첫째, 절대 지각은 안 된다!

방송국은 특히 시간에 민감하다. 녹화가 10시라면 10시 정각에 시작한다. 가장 먼저 듣는 조언도 출근 시간이나 선배들과의 회의 시간을 잘 지키라는 말이다. 선배들은 스케줄이 바빠서 회의를 하다 가야 되는 경우도 있는데, 후배가 늦으면 회의를 제대로 못하고 갈 수도 있다. 그렇게 되면 그 후배는 같이 회의하기 힘든 후배로 찍힌다. 개그는 절대 혼자서 할 수 없다. 아무리 혼자 잘해도 같이 할 사람이 없으면 못한다. 좋은 아이디어를 내는 것도 좋지만 그 전에 시간을 잘 지키자. 시간을 지키는 것이 습관화돼 있어야 앞으로 개그맨 생활 뿐 아니라 다른 방송도 잘 할 수 있다. 라디오 게스트 가기로 한 첫날 지각을 했다면? 거기에 생방송이라면? 다음부터 그 방송 섭외는 안 들어온다. 게다가 방송국은 소문이 무섭기 때문에 다른 방송 섭외까지 영향을 줄 수 있다.

둘째, 인사를 잘 하자!

방송국에는 우리가 알지 못하는 많은 사람들이 있다. 누가 선배인지 감독님인지 구분하기 전에 일단 인사 먼저 하자. 인사한다고 손해 볼 일은 절대 없다. 신인다운 큰 목소리로 "안녕하십니까!"라고 인사하자. 인사가 아무것도 아닌 것 같지만 신인으로 들어와서 제일 많이 혼나는 이유가 '왜 인사 안 하냐'다. 개그맨 숫자도 많고 연습하느라 정신없기 때문에 내가 인사하더라도 상대방은 잘 모를 수 있다. 그러니 인사는 큰 목소리로, 선배님 앞에 가서 공손히 하자.

셋째, 준비된 자세로 가자!

방송국 선배들은 여러분을 처음 본다. 코너 회의를 하려고 해도 무엇을 잘하는지 알아야 같이 할 수 있다. 그래서 후배를 만나면 자주 물어본다.

"너 시험 때 뭐 했냐?"

쑥스러운 마음에 우물쭈물하지 말고 바로

"이런 개그를 했습니다!"

하고 짧게 보여주면 좋다. 그럼 물어본 선배도 여러분의 개그를 알 수 있고, 여러분도 선배에게 자신을 알릴 수 있어 좋다.

첫 출근을 하기 전, 시험 때 한 지정연기나 개인기를 보여줄 때 꼭 필요한 소품이 있다면 미리 챙겨가자. 옆에 있는 사람은 동기지만 결국은 경쟁자다. 매 기수에서 뜨는 사람은 1~2명 정도이다. 지금은 다 비슷한 실력이지만 선배들과 같이 회의도 해야 실력을 빨리 키울 수 있다. 처음 신인 때는 동기들과 함께 하는 시간이 많지만 1년 정도 시간이 흐르면 그렇지 않다. 친해지는 선배들도 생기고 개그 스타일이 잘 맞는 사람들과 개그를 짠다. 처음 1년을 잘 활용하자. 심부름만 하다 끝날 수도 있고, 나의 캐릭터를 선배들에게 확실히 알릴 수도 있는 중요한 시간이다.

그리고 이런 사람은 없겠지만, 첫날부터 나의 캐릭터를 확실히 보여주려고 이상한 옷을 입고 가는 등 튀는 행동은 말리고 싶다. 첫날부터 선배들에게 찍히지 말고, 옷은 깔끔하게 입고 가되 개그로 주목받자.

신인 개그맨들은 챙겨야 할 물건이 많다. 하지만 그 중에서도 꼭 챙겨야 할 3가지 물건이 있다. 언제나 가지고 다니자!

첫째, 아이디어 노트

무조건 가지고 다니자. 계속 써 왔지만 앞으로도 습관을 잘 들여야 한다. 회의 때도 쓰지만 노트 지참은 신인의 기본자세이기도 하다. 회의를 하는데 처음 들어온 후배가 아이디어 노트도 없이 앉아있다면 선배는 어떤 생각을 할까? 한번 모

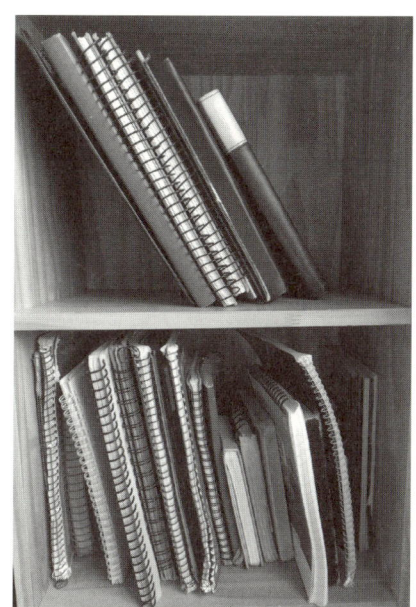

나 또한 개그를 처음 시작할 때부터 지금까지 아이디어 노트를 쓰고 있고 다 모아 놨다.

아놓은 아이디어는 언젠가는 써먹게 된다. 내가 한 '횃불투게더' 코너도 예전 컬투 소극장에 있을 때 했던 개그다. 그땐 나의 '바~' 캐릭터도 없었고 내용이 바뀌긴 했지만 주인아주머니의 부당함에 시위한다는 큰 내용은 같다. 그러니 아이디어 노트는 소중한 자산이고 무기다.

둘째, 펜

아이디어 노트를 챙기면서 당연히 가져가겠지만. 최소 3개 정도는 가져가는 것이 좋다. 펜이 모자랄 정도로 아이디어를 많이 적어서? 그건 아니다. 하지만 방송국에서 제일 막내라는 사실을 잊지 말자. 선배들이 "펜 있니?"라고 물어보면 빌려주는 경우가 있다. 근데 나 빼고 다 선배여서

펜을 딱 하나만 가져가면 당연히 내가 쓸 펜이 없다. 여유 있게 여러 개 가져가자.

셋째, 편한 신발

막내들은 움직이는 시간이 많다. 청소도 해야 하고 심부름도 해야 한다. 무슨 일이 있을 때 제일 먼저 움직여야 하기 때문에 편한 신발을 신어야 한다. 개그우먼의 경우도 하이힐 신고 온 사람은 아직 한 번도 없었다. 강한 인상을 남기고 싶다면 도전해 보라, 가자마자 후회하겠지만.

이 외에 필요하다고 생각하는 것은 다 챙겨가자. 핸드폰 보조 배터리, 땀이 많이 난다면 갈아입을 티, 개인적으로 먹는 약, 안약 등. 이런 걸 가져왔다고 뭐라 하는 선배는 없다. 안 가져가서 언제 퇴근하나 안절부절못하지 말고 미리 준비해 놓자.

나는 이렇게 개그맨이 되었다:
<개그콘서트> 개그맨 설문조사

현직 개그맨 선배들, 동기들, 그리고 후배들에게 개그맨에 대해 물어보았다. 개그맨들이 말하는 개그맨 시험은 다음과 같다.

1 개그맨 시험에 몇 번 도전 끝에 붙었나요?

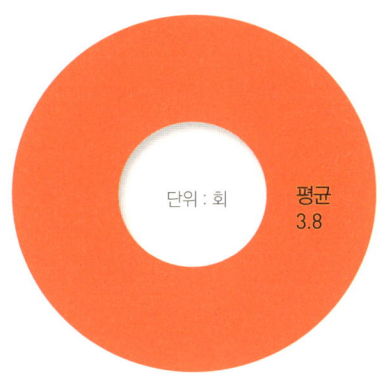

단위 : 회

평균
3.8

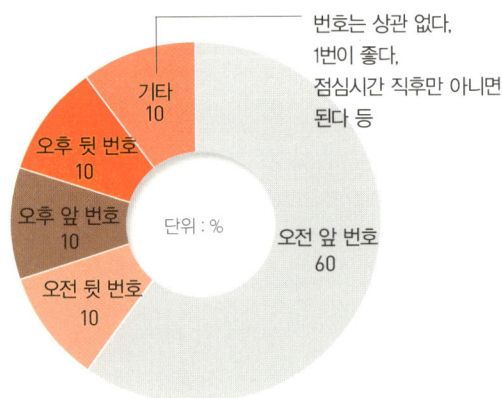

번호는 상관 없다,
1번이 좋다,
점심시간 직후만 아니면
된다 등

기타
10

오후 뒷 번호
10

오후 앞 번호
10

오전 뒷 번호
10

단위 : %

오전 앞 번호
60

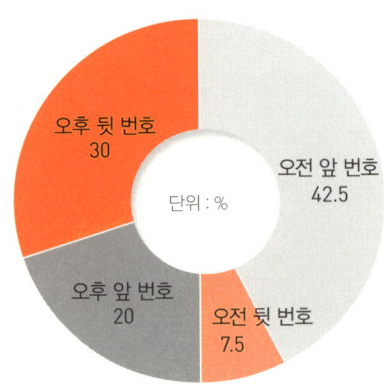

오후 뒷 번호
30

단위 : %

오전 앞 번호
42.5

오후 앞 번호
20

오전 뒷 번호
7.5

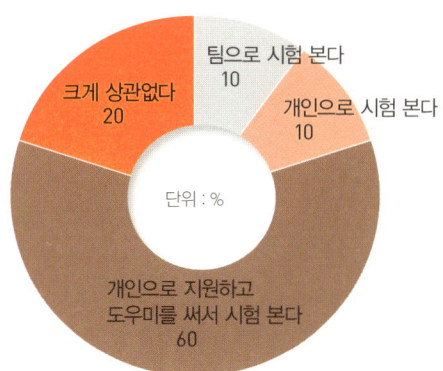

팀으로 시험 본다
10

개인으로 시험 본다
10

크게 상관없다
20

개인으로 지원하고
도우미를 써서 시험 본다
60

단위 : %

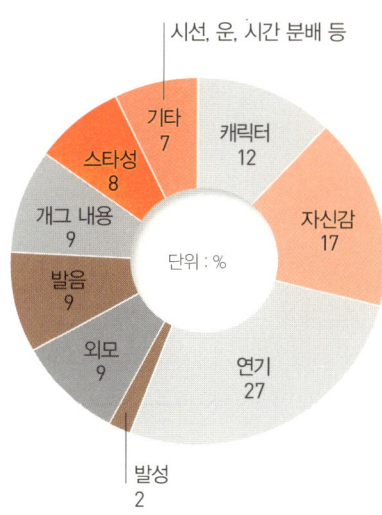

시선, 운, 시간 분배 등

기타
7

캐릭터
12

스타성
8

자신감
17

개그 내용
9

발음
9

외모
9

연기
27

발성
2

단위 : %

합격을 축하합니다 **151**

6 그 3가지 중 제일 중요한 1가지는 무엇인가요?

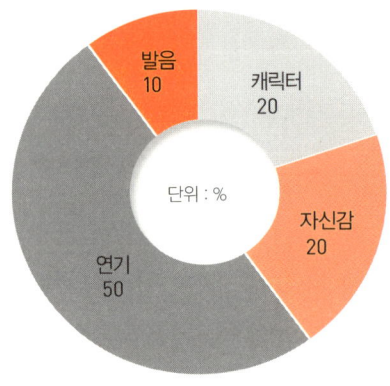

7 자신이 생각하는 시험 합격 비결

1차 시험

- 깔끔한 사진을 사용한다.
- 최대한 멀쩡하게 서류를 작성한다.
- 서류를 최대한 성의 있게 적자.
- 웃기게 적지 말고 대기업 이력서 넣듯이 쓰자.
- 절실하게 쓰자.
- 튀어 보이려고 하지 말자.

2차 시험

- 30초 안에 나를 보여줄 수 있는 개그를 한다.
- 제일 잘 하는 연기를 짧은 시간 안에 압축해서 보여준다.

  심사 위원이 그만 하라고 할 때까지 최대한 천천히 다 보여주자.

- 나에 대해 궁금해 할 수 있는 코너로 승부하자,
- 오도시 부분이 빠른 니주–오도시 정석 개그를 보여준다.
- 준비한 개그 중 제일 재미있는 것을 2차에 해서 강한 인상을 주는 것이 중요하다.

3차 시험

- 2차에서 보여주지 않았던 다른 연기로 새로운 인상을 준다.
- 자신이 제일 잘하는 연기를 보여준다.
- 나만의 캐릭터를 잡자.
- 2차에 한 개그가 반응이 좋았으면 3차 때 이상한 개그 하지 말고 그걸 하자.
- 긴장하지 말고, 기싸움에서 지지 말자.
- 2차보다 업그레이드해서 보여주자.

지정연기

- 떨지 말고 준비한 개그를 잘 보여주자.
- 자신만의 스타일로 살짝 바꿔서 보여준다.
- 지정연기에 나올 것 같은 캐릭터의 영상을 반복해서 본다.
- 〈개그콘서트〉를 매주 챙겨보며 어떤 캐릭터가 시험에 나올지 미리 준비한다.

개인기

- 별것 아닌 개인기여도 상황을 재치 있게 만드는 것이 중요하다.

- 짧은 시간 안에 나의 특기를 보여줄 수 있는 걸로 준비하자.
- 특이하거나 정말 잘할 수 있는 것으로 하는 편이 좋다. 억지로 만들면 어색하다.
- 여러 개 준비하지 말고 제일 자신 있는 하나만 집중해서 연습하자.

8 ┃ 시험 때 절대 하지 말아야 하는 것

- 방송에 나갈 수 없는 개그
- 심사 위원들에게 덤비는 과도한 에너지
- 너무 잘하려고 하기. 더 긴장하게 된다.
- 연기(캐릭터)는 없고 아이디어만 있는 개그
- 더러운 내용의 개그
- 너무 튀려고 하는 개그
- 욕이 섞인 개그
- 심사 위원을 이용하는 개그
- 껄렁껄렁한 태도
- 다른 사람들이 조언해주는 대로만 하는 연기

9 ┃ 나는 개그 아이디어를 이런 곳에서 얻는다

- 영화의 한 부분
- 주변 사람 중 웃긴 말투나 특징을 가진 사람을 과장한다.
- 실생활. 술을 마실 때까지 아이디어 노트를 가져갔다.
- 친구들과의 수다.

154

- 모든 매체와 생활에 개그를 대입해 본다.
- 개그 동아리 친구들과 놀면서 아이디어를 많이 얻었다.
- 산책과 음악 감상을 한다.

10 ┃ 시험 전 나만의 긴장 해소법

- 무조건 연습! 자다가도 연기가 튀어나올 수 있게 연습하면 긴장해도 할 수 있다.
- 부모님께 기도드린다.
- 밥을 많이 먹지 않고 마인드 컨트롤을 하며 조용한 곳을 찾아 명상을 한다.
- 같이 시험 보는 팀원들에게 많이 의지한다.
- 자신에게 계속 칭찬을 해준다.
- 다른 애도 나를 보고 떨고 있다고 생각한다.

11 ┃ 개그 지망생에게 해주고 싶은 조언 한마디

- 개그맨이 빨리 되는 것이 중요한 것이 아니고 자신이 개그맨이 됐을 때 합격하는 게 중요합니다! 내공을 많이 쌓으세요.　　– 개그맨 신종령

- 꾸준히 하면 될 수 있으니 포기하지 말고 하셨으면 좋겠고, 최대한 자신의 캐릭터가 잘 보이는 연기로 시험을 보셨으면 좋겠습니다.

　　　　　　　　　　　　　　　　　　　– 개그우먼 박소라

- 창작! 세상은 아는 만큼 보인다. 개그도 아는 만큼 다양하게 짤 수 있다.
  – 개그맨 이찬

- 할 거면 목숨걸고 해라! 포기하지 않는다면 꿈은 꼭 이루어진다!
  – 개그맨 김희경

- 정말 개그를 좋아하는 사람들이 지원했으면 좋겠습니다.
  – 개그우먼 이수지

- 계속하면 됩니다! 　　　　　　　　　 – 개그맨 김현기

- 욕심을 내서 지금 개그 연습을 하고 있는 단체에서 1등할 생각부터 해라! 　　　　　　　　　 – 개그맨 신윤승

- 일상을 개그처럼 살아야 개그맨이 될 수 있습니다. 　 – 개그맨 정윤호

- '한번 재미삼아 해볼까.'라는 생각인 분들은 도전하지 말고, 인생을 바칠만큼 열정이 있다면 도전하세요. 　　　 – 개그맨 임재백

- 시험 준비 할 때 참고서를 보듯이, 개그맨이 되기 위해서는 〈개그콘서트〉를 보면 됩니다. 　　　　　　 – 개그맨 남궁경호

- 시작했으면 끝까지! 중간에 포기하지 말자. 선배들도 다 낙방 끝에 빛이 왔다.

  – 개그맨 윤한민

- 한 번 떨어졌다고 포기하지 말고 꿈을 향해 도전하세요.

  – 개그맨 최재원

- 개그는 정답이 없다! 당신이 정답일 수 있다. 내가 재미있으면 최고다.

  – 개그맨 이창호

- 가슴에 손을 얹고 남들보다 정말 두 배 노력했다고 하면 합격할 수 있습니다.

  – 개그맨 송재인

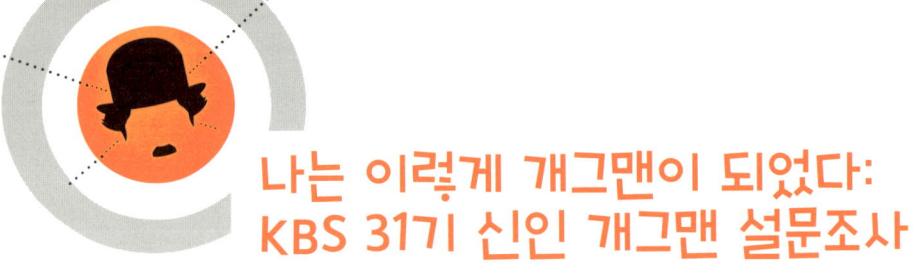

나는 이렇게 개그맨이 되었다:
KBS 31기 신인 개그맨 설문조사

가장 최신 시험 트렌드를 알고 있는 31기 신인 개그맨에게 시험에 대해 들어보자.

설문조사 문항

❶ 시험 준비는 어떻게 했나요?

❷ 시험 때 어떤 개그를 했나요?

❸ 나의 합격 비결

❹ 이렇게 하면 떨어진다

❺ 개그맨 시험 준비를 하며 힘들었던 점

❻ 개그맨 시험에서 제일 중요한 것

❼ 올해 시험 보는 개그맨 지망생에게 해 주고 싶은 말

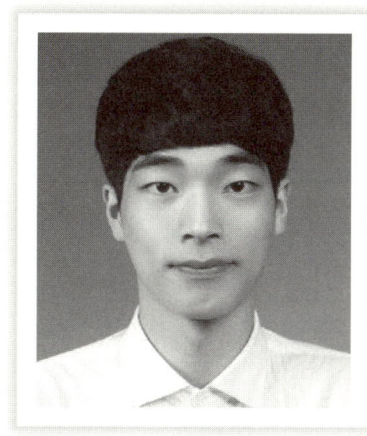

이름 임성욱

도전 횟수 29회
팀/개인/도우미 개인
합격 당시 준비 기간 1년
시험 번호 29번(앞 번호)

❶ 소극장에서 연습을 많이 하였습니다.

❷ 2차 – 전쟁터에 온 고등학생 연기

   3차 – 전쟁터에 온 고등학생 연기

   개인기 – 미국 청소년 연기, 노래

❸ 인사를 예의 바르고 크게 해서 처음부터 자신감을 잘 표현한 게
   합격에 도움이 많이 된 것 같습니다.

❹ 심사 위원에게 말을 걸거나 무례한 행동을 하면 안 됩니다.

❺ 돈이 없어 소품과 의상 살 돈이 없던 것이
   가장 힘들었습니다.

❻ 자신감! 심사 위원의 기에 눌리지 않고 자신의 분위기로
   시험장을 감싸는 것이 중요합니다.

❼ 자신만의 매력을 갖고 돈과 시간을 아끼지 않고 투자하면
   꼭 좋은 결과가 있을 것이라고 확신합니다.

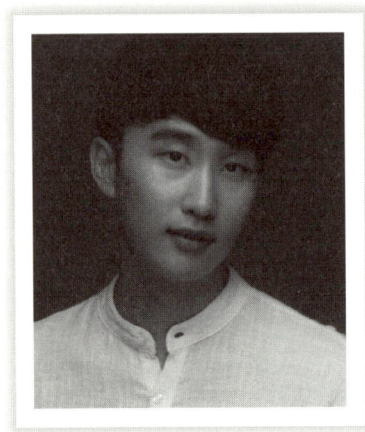

이름 **조래훈**

도전 횟수 2회
팀/개인/도우미 개인
합격 당시 준비 기간 6개월
시험 번호 61번(앞 번호)

❶ 개그맨 선배와 개인적으로 준비했습니다.

❷ 2차 - 돈 자랑하는 전라도 졸부
　 3차 - 돈 자랑하는 전라도 졸부
　 개인기 - 무용수, 각설이 따라 하기

❸ 예의 바르게 들어가서 또박또박 자기소개하고
　 변할 때 확 변해 주고, 주어진 시간 동안
　 제가 진행하며 시험을 봤습니다.

❹ 등장할 때나 퇴장할 때 무례하게 행동하면 안 됩니다.

❺ 시험에 붙을지 떨어질지 불안한 마음에
　 연기가 잘 되지 않을 때 힘들었습니다.

❻ 예의 바르게 들어가 연기로 캐릭터를 살리고,
　 시험이 끝날 때까지 지정 시간을 최대한
　 이용해 시험을 보는 것

❼ 공손하면서도 연기할 땐 최대한 캐릭터를
　 보여주고, 자신에게 주어진 시간을 잘
　 이끌어 갔으면 좋겠습니다.

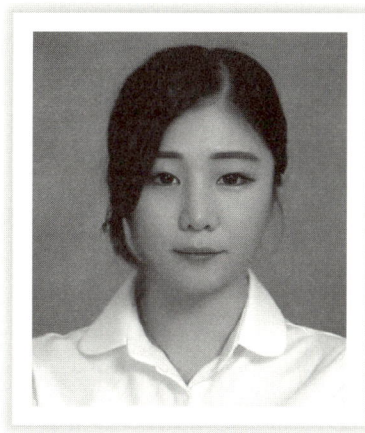

이름 **최희령**

도전 횟수 4회
팀/개인/도우미 개인
합격 당시 준비 기간 3개월
시험 번호 4번(앞 번호)

❶ 인덕대학교 개그 동아리와 대학로 '개그와의 전쟁'이라는
극단 사람들과 같이 준비했습니다.

❷ 전문의가 없는 틈을 타서 레지던트가
환자를 마음대로 진찰하는 내용의 개그

❸ 코드 있는 개그를 좋아하여 코드를 중독성 있게 만들어서
코너를 하였고, 랩을 잘해서 개인기로 랩을 하였습니다.

❹ 튀어 보이려고 예의에 어긋나는 행동을 하면 탈락할
확률이 높습니다.

❺ 다른 사람에게 개그에 대한 조언을 듣고 어떤 것이 맞는지
빠르게 판단하지 못해 시간이 오래 걸렸습니다.

❻ 운도 있지만 정말은 노력이라고 생각합니다.

❼ 다들 최선을 다하셔서 준비하시면
후회 없을 것입니다. 화이팅!

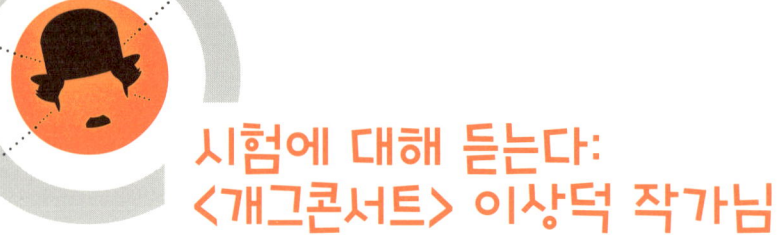

시험에 대해 듣는다:
〈개그콘서트〉 이상덕 작가님

이상덕 작가님은 다년간 〈개그콘서트〉 메인 작가를 하셨으며, 2010년과 2013년 2회에 걸쳐 KBS 연예대상 코미디부문 방송작가상을 수상하신 분이다. 〈개그콘서트〉 신인으로 들어가면 개그에 대한 기본적인 트레이닝을 해 주신다. 작가님이 말씀하시는 개그맨 시험은 이렇다.

1차 시험 심사 기준은 어떻게 되나요?
서류에서 탈락하는 지원자가 있던데 그 이유는 뭘까요?

A 서류에 나와 있는 기본적인 기재 사항을 불성실하게 쓰고 사진과 대본을 첨부하지 않는 지원자는 탈락합니다. 이력서 사진에 튀려고 과도한 분장을 하거나 가면을 쓴 사진을 첨부할 경우에도 탈락할 가능성이 큽니다. 시험 때 본인 확인을 위해 신분증 사진을 대조하는데, 분장이 많이 되어 있으면 확인이 힘들기 때문입니다. 첨부한 개그 대본을 봤

을 때 코미디에 대한 기본적인 감각이 부족한 경우도 탈락할 수 있습니다.

Q **2차 시험은 지원자가 많아 한 명씩 자세히 볼 시간이 없는데 제일 중요하게 보는 것은 무엇인가요?**

A　일단 개그적인 외모, 개그 연기, 개인기를 봅니다. 현재 〈개그콘서트〉에 출연하고 있는 개그맨과 겹치지 않는 개그를 하는 사람도 유리합니다.

Q **3차 시험에서 지원자의 실력이 비슷할 때 어떤 점에 점수를 더 주고 뽑나요?**

A　2차 시험과 기본 기준은 같은데, 거기에 추가로 다양한 연기가 가능한가를 봅니다. 시험을 준비하는 동안 하나의 개그만 연습해서 올 수 있기 때문에 여러 가지 개그가 가능한지를 평가합니다.

Q **아무래도 개그맨 시험이다 보니 웃기게 생긴 얼굴이 유리한가요?**

A　〈개그콘서트〉를 보면 꼭 웃기게 생긴 사람만 나오는 것은 아닙니다. 다양한 역할이 나오니 중요한 것은 연기력이라고 생각합니다. 허경환, 신보라의 경우 웃기게 생긴 얼굴은 아니지만 개그 연기력으로 시청자들에게 웃음을 줍니다.

Q **시험 볼 때 '이런 것만 안했으면 좋겠다' 하시는 것이 있나요?**

A　소리만 지르는 사람, 방송할 수 없는 내용으로 개그를 하는 사람, 본

인보다는 도구와 장치를 이용해 웃기려는 사람입니다.

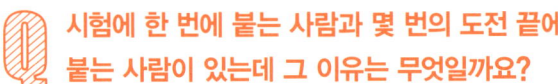

시험에 한 번에 붙는 사람과 몇 번의 도전 끝에 붙는 사람이 있는데 그 이유는 무엇일까요?

A 개그 소질을 갖춘 사람을 우선적으로 선발하고, 추가로 그 해 〈개그 콘서트〉에 필요한 캐릭터가 있는데 그게 잘 맞아 떨어진 경우에 뽑습니다.

시험에 운이 있다고 생각하시나요?

A 운이라기보다는 평소에 잘했던 사람들이 시험 때 개그를 잘못 짜서 떨어지는 경우가 있습니다. 시험 때 평소 실력 이상으로 개그를 잘 짠 사람들은 합격할 수밖에 없겠지요.

지원 번호로 피해야 할 시간대가 있다고 생각하세요? 예를 들면 점심시간 직후나 이렇게요?

A 지원 번호에 따른 합격률은 지원자들 사이에 공유되는 속설이라고 생각합니다. 심사 위원 입장에서 보면, 시험 경험이 있고 자신 있는 사람들이 오전에 접수를 합니다. 하지만 박지선, 장도연, 오나미, 신보라처럼 오후에 시험을 봐서 붙은 사람도 많습니다. 시험 경험이 없는 아마추어들은 고민하다 늦은 시간에 신청하는 경우가 많지만 오전, 오후의 합격률 차이는 없다고 생각합니다.

Q 올해 시험 지원자에게 바란다?

A 기본적인 연기가 가장 중요합니다. 안정적인 발성, 개그의 내용을 효과적으로 전달하기 위한 정확한 발음, 그리고 방송을 통해 전달되는 만큼 표정도 중요합니다. 다만 과도한 몸짓, 즉 오버연기는 싫어합니다.

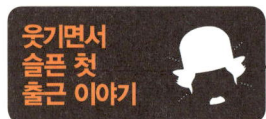

왜 너 혼자 거기 가 있냐?

개그맨은 선후배 관계가 확실한 곳이다. 이전에 친구나 아는 사이였어도 시험에 합격하면 기수에 맞게 선후배로 불러야 한다. 22기 이광섭 선배와 23기 류정남 선배는 원래 친구 사이다. 류정남 선배가 합격한 사실을 알고 이광섭 선배가 장난으로 겁을 더 줬다. 첫 출근 때 옥상으로 모이라고, 늦으면 진짜 혼낸다고 신신당부를 했다.

류정남 선배는 늦으면 진짜 혼나겠다는 생각에 일찍 집에서 나왔다. 그런데 KBS 방송국엔 옥상이 여러 개 있다. 선배는 첫 출근이니까 본관으로 가야겠다는 생각에 본관 옥상으로 갔다. 그곳은 원래 방송 안테나도 있고 전선도 많아 쉽게 갈 수 없는 곳이다. 그래서 다른 동기들은 다 별관 옥상에 모였는데, 그걸 미처 생각 못하고 혼자만 본관 옥상으로 간 것이다. 여기는 통제 구역이고 위험해서 못 간다는 경비원들의 만류에 첫 출근부터 늦으면 안 된다고 사정을 했고, 결국 경비원이 문을 열어 줬다. 류정남 선배는 수많은 전선과 방송 장비, 안테나 사이를 뚫고 옥상에 혼자 서 있었다.

그 시각, 별관에 있는 동기들은 류정남 선배만 오지 않아서 전화를 하고 난리가 났다. 전화를 받은 류정남 선배가 "너희 첫날부터 늦으면 어떻게 해? 난 벌써 와 있는데!"라고 소리를 질렀다. 그때 이광섭 선배가 왔다. 이광섭 선배는 안 그래도 장난치려고 했는데 류정남 선배가 지각까지 하니 더 신이 났다.

"너 어디야?"

"선배님, 저 옥상입니다."

"무슨 소리야, 내가 지금 옥상인데."

이렇게 말하며 고개를 돌렸는데 반대편 옥상에 혼자 서 있는 류정남 선배와 눈이 마주쳤다. 이광섭 선배는 그 모습이 너무 웃겨서 그날 무섭게 장난치려던 것도 잊고 그냥 가라고 했다. 그 뒤로 옥상에 모일 땐 꼭 '연구동 옥상'이라고 말하게 되었다.

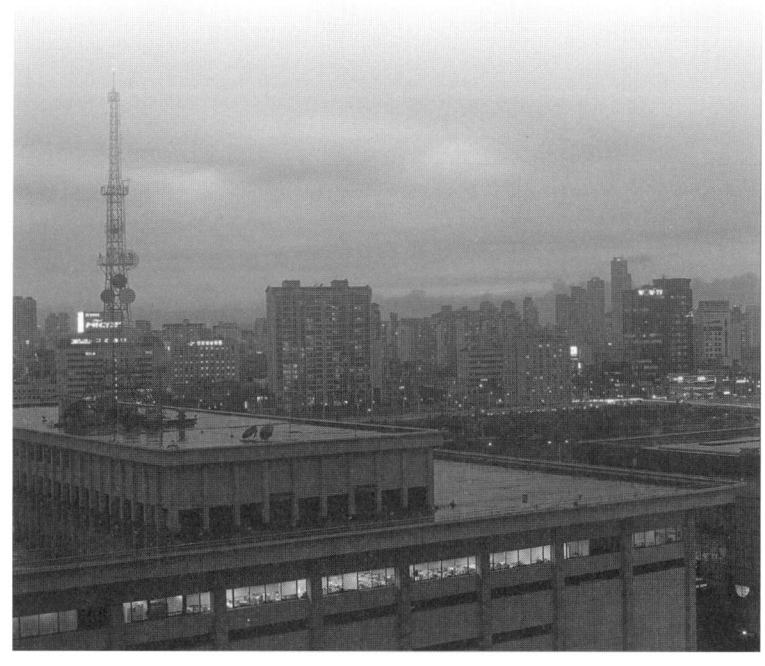

8장

합격 vs. 불합격

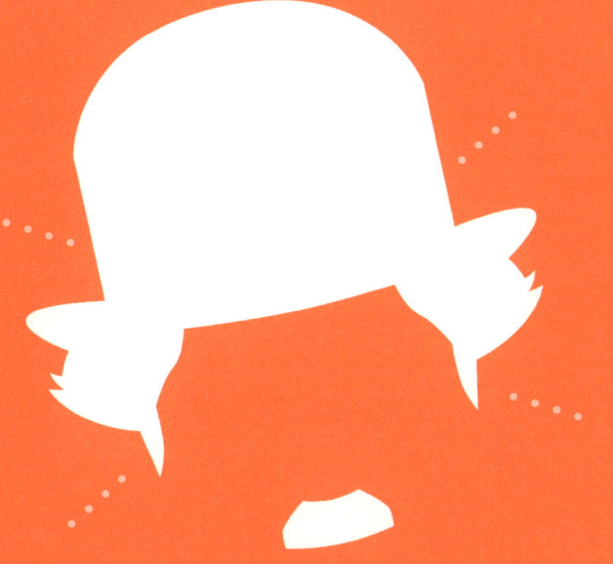

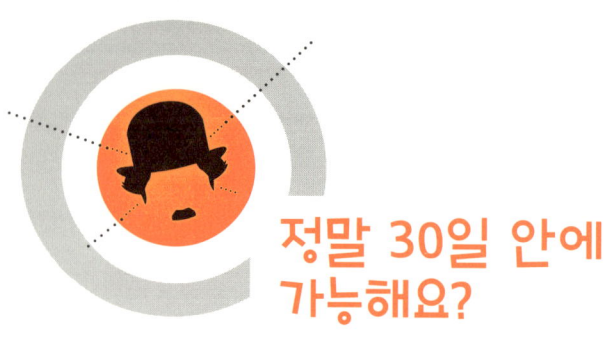

정말 30일 안에
가능해요?

30일 안에는 개그맨 시험 합격이 불가능하다고 생각하는 사람도 있을 것 같다. 하지만 개그를 해 본 적 없고 시험이 처음인데 붙은 사람은 수없이 많다. KBS 22기 박지선 선배, KBS 27기 신윤승, SBS 9기 홍현희, KBS 28기 김나희, KBS 28기 황신영, KBS 29기 박보미, KBS 31기 손별이 등…. 그런데 사실 그렇다 해도 시험 준비는 정말 힘들다. 모두가 30일만 준비해서 시험에 딱 붙었으면 좋지만 운이 좋거나 뛰어난 개그 재능을 타고난 사람이 아니면 어렵다. 그럼 왜 30일 만에 가능하다고 했냐고? 꿈에 도전해보니 가슴 뛰는 것을 느끼지 않았는가? 시험을 준비한 30일은 행복한 30일이었을 것이라고 생각한다. 그것이 원하는 일을 했을 때의 결과다.

꼭 개그맨을 하지 않아도 좋다. 가슴 떨리는 일을 하자. 누군가 30일 안에 가능하냐고 또 묻는다면 역시 '그렇다'고 말할 것이다. 그래야 꿈에 도전하는 사람들이 많아질 테니. 지금 인생에서 한 달을 투자한다면 엄청난 손해일까? 한 달 손해 보고 앞으로 몇십 년을 좋아하는 일을 할 수 있다면? 지금 1~2년 안정된 생활을 쫓다 몇십 년을 한숨 쉬며 출근할 수도 있다. 과연 어떤 것이 더 현명한 인생일까?

시험에 떨어져도 좋다. 도전해 보자. 최소한 추억은 생긴다.

"나 개그맨 시험 봤었어."

"꿈에 도전해 봤어!"

라고 말할 수 있다. 가끔 나이 많으신 분들을 만나면 "내가 예전에 개그맨 시험을 봤어~"라고 하시는 분들이 있다. 지금은 다른 일을 하지만 그 일에서 큰 성공을 했다. 하고 싶은 일에 후회 없이 도전하고, 또 다른 일에 도전하는! 그런 도전 정신이 그 분들에게 성공을 가져다주는 게 아닐까? 30일 안에 가능하냐고 나에게 묻기 전에 자신에게 먼저 물어보자.

한 번 뿐인 인생, 개그맨에 정말 도전하고 싶지 않아?

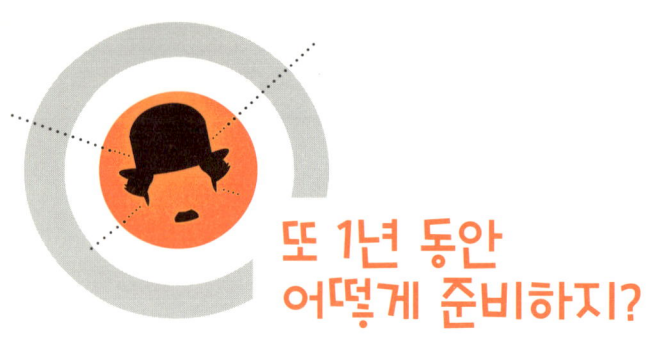

또 1년 동안
어떻게 준비하지?

시험에 떨어진 개그 지망생들은 보통 이렇다.

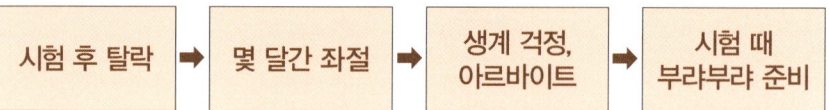

시험 후 탈락 ➡ 몇 달간 좌절 ➡ 생계 걱정, 아르바이트 ➡ 시험 때 부랴부랴 준비

　생계를 위해 알바나 다른 일을 하지 말라는 것은 아니지만, 개그를 아예 끊어서는 안 된다. 개그를 몇 년 이상 한 프로 개그맨들도 몇 달 쉬다 복귀하면 개그 감각을 찾는데 시간이 좀 걸린다. 개그 지망생은 감각을 더 빨리 잊기 때문에 아르바이트를 하다 오면 처음부터 다시 시작해야 한다. 시험을 몇 개월 남겨두지 않고 급하게 준비하다 결국 작년에 했던 개그 아이템으로 응시하기도 하고, 작년보다 재미없는 아이템으로 시험을 보기도 한다.

나는 계속 시험에 떨어지면서 다음에는 꼭 붙을 거라는 생각을 했다. 그래서 시험 떨어진 다음날도 대학로 무대에 섰고 개그도 똑같이 생각했다. 시험에 떨어진 것은 속상하고 분했지만 내가 부족해서 떨어진 것이니 하루라도 쉬면 더 뒤처진다는 생각이었다. 이번에 방송국에 붙은 사람보다 더 열심히 하고 싶었다.

만약 떨어졌다면 이미 탈락한 것은 어쩔 수 없다. 대신 **왜 떨어졌는지 이유를 생각해 보자.** 나의 캐릭터를 잘못 잡았나? 발음이 안 좋았나? 특히 매년 3차에서 떨어지는 친구들은 잘 생각해 봐야 한다. 2차 시험을 통과할 실력은 되지만 2%가 부족해서 떨어진다. 분명 실력이 있어서 3차에 가는 것일 테니, 그 2%만 채울 수 있다면 바로 합격이다. 2차에서 떨어진 친구들은 개그의 기본을 제대로 못 보여준 것이라 생각한다. 1차에서 떨어진 친구들은 정말 운이 없었거나 지원서를 정성 들여 쓰지 않아서다. 이번에 자신을 제치고 먼저 붙은 사람들의 합격 이야기를 들어보자. 들어보면 다 이유가 있다. 1년은 생각보다 금방 지나간다. 시험 보느라 고생했으니 1주일 정도 여행도 가고 푹 쉬자. 그리고 다음 시험을 준비하자!

혼자 시험을 준비하는 것이 힘들다면 개그맨 극단의 문을 두드리자. 개그맨 극단에 들어가면 관객 앞에서 개그를 해 볼 수 있고, 선배들에게 개그를 직접 배울 수도 있다. 모집은 보통 개그맨 시험이 끝나고 한다. 시험이 끝나면 개그를 그만두는 지망생도 있고, 좀 쉬다가 다시 한다는 지망생이 많기 때문이다. 같이 개그 극단에서 1년 동안 공연을 하며 열심히 시험 준비를 했는데 누구는 붙고 누구는 떨어지면 떨어진 사람은 많이 좌절한다.

시험이 끝나고 각 극장 홈페이지에 모집 글이 올라오기를 기다리거나 전화를 해서 모집 계획을 물어보자. 여러 곳이 있지만 가장 대표적인 극단 4곳을 소개한다.

갈갈이홀
서울 종로구 대학로8가길 111
02)3661-8802
http://www.ggfamily.co.kr
13년째 수많은 개그맨을 배출하고 있는 개그 극단!

윤형빈 소극장
서울 마포구 와우산로21길 29 석전빌딩
02)6383-1003
http://seoulgag7.modoo.at
다양한 공연을 하고 있어 폭넓은 경험을 할 수 있다!

김대범 소극장
서울 마포구 와우산로 117 이지플러스 오피스텔
02)324-1421
http://cafe.naver.com./kdbhall
특히 관객과 함께하는 공연을 많이 해 애드리브를 많이 배울 수 있다!

전유성의 코미디시장
경북 청도군 이서면 이서로 572
054)373-1951
http://comedymarket.kr
신봉선, 안상태, 박휘순 선배 등 수많은 인기 개그맨을 배출한 전유성 선배님께 개그를 배울 수 있다!

극단마다 스타일이 달라서 어디가 최고라고 말할 수는 없다. 직접 방문해서 분위기도 보고 나에게 잘 맞을 것 같은 곳으로 결정하자. 꼭 개그맨 극단에 들어가야 개그맨이 되는 건 아니다. 하지만 개그 강의만 몇 달 듣기보다 내가 만든 개그를 관객 앞에서 직접 해보고, 어디가 웃겼고, 어디가 안 웃겼는지 경험해 보면 웃음의 기술을 가장 빨리 배울 수 있다.

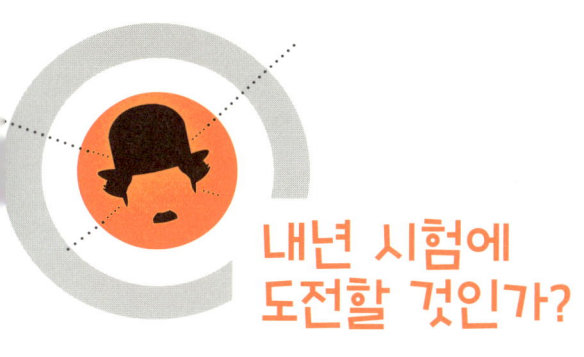

내년 시험에
도전할 것인가?

    시험이 끝나면 다양한 모습을 볼 수 있다. 합격한 사람은 신나게 방송국으로 출근하고 떨어진 사람은 아쉬움에 눈물을 흘린다. 개그를 포기하는 사람도 있다. 시험 때 갑자기 컨디션이 안 좋아져서 시험을 망쳤다고 하소연하는 사람도 있다. 시험은 정말 냉정하다. 그날 하루 웃겼나 못 웃겼나로 합격이냐 불합격이냐를 결정 한다. 한 선배는 이런 말을 했다.

    "1년 중 364일을 못 웃겨도 시험날 딱 하루만 웃기면 합격이야!"

    떨어진 사람은 억울하지만 맞는 말이다. 그래서 개그맨 '시험'인 것이다. 그날 몸이 좀 안 좋아서, 분위기가 안 좋아서 웃기지 못했다는 건 결국 핑계다. 술자리에서 하소연을 들어주는 친구라면 이 이야기에 어깨를 두드려 줄지도 모른다. 하지만 냉정하게 말하면 시험 전 컨디션 조절에 실패해서 시험장의 분위기를 웃기게 만들지 못한 것뿐이다.

스스로에게 물어보자. 나는 정말 개그맨, 개그우먼이 되고 싶은가? 시험 준비를 하면서 힘들었더라도 하고 싶은 일을 할 수 있어서 행복했나? 그 답이 '그렇다'라면 한 번 더 도전해 볼 수 있다. 절대 한 번의 실패에 꿈을 포기하지 말자. 변기수 선배는 13번, 박준형 선배는 8번 떨어졌다. 시험에 떨어진 것을 실패가 아닌 훈장이라고 생각하자. 처음 시험 본 사람에게는 그 용기에 박수를, 여러 번 떨어진 사람에게는 그 끈기에 박수를 보내고 싶다. 프로 개그맨들도 새 코너가 통과가 되어야 녹화에 들어가고 통과가 되지 않으면 다른 새 코너로 매주 도전한다.

좌절하기보다는 왜 떨어졌는지 나의 문제점을 찾자. 아직 내년까지 1년의 시간이 있다! 빨리 고쳐서 내년 시험은 꼭 합격하자.

네! 그래프 준비됐습니다!

내가 지금까지 〈개그콘서트〉에서 했던 코너 중 제일 길~게 한 코너가 있다. 바로 '시청률의 제왕'이란 코너다. 드라마 〈드라마의 제왕〉을 패러디한 코너인데, 시청률을 올리려는 박대표(박성광 선배)의 주문에 맞춰 드라마 내용이 휙휙 바뀌는 것으로 웃음을 줬다. 뻔한 장면이 나올 땐 시청률 그래프가 떨어지고, 파격적인 내용으로 바뀌면 다시 그래프가 올라가는 식이었다.

'시청률의 제왕'에서 1년 넘게 했던 코너인데, 거기서 나의 역할은 코너 맨처음 시작할 때 박성광 선배가 "시청률 그래프 준비됐어?" 하면 "네 준비됐습니다!"라고 외치고 퇴장한 다음, 그래프 뒤로 들어가서 코너 끝날 때까지 시청률 그래프를 움직이는 역할이었다. 박성광 선배가 "야, 시청률 떨어진다." 하면 그래프를 쭉 내리고, "그렇지, 올라간다." 하면 빠르게 쭉 올렸다. 쉬울 것 같지만 말과 그래프가 맞지 않으면 NG가 나기 때문에 대본을 다 외우고 항상 집중해야 했다. 위기의 순간도 있었다. 시청률 그래프 판과 그래프 화살표는 나무로 만들어졌는데, 회를 거듭할수록 그래프 판과 그래프의 마찰이 일어나 거스러미가 생긴 것을 모르고 올리다가 가시가 손에 박힌 것이다. 소리를 내면 NG가 날까봐 이를 악물고 한손으로 그래프를 잡고 입으로는 박힌 가시를 뽑아내며 그 주 녹화를 겨우 무사히 마쳤다.

1년 내내 대사가 "네 준비됐습니다!"였는데, 대사는 한마디라도 코너 회의는 같이 했다. 나와 동기 회경이가 코너 막내였기 때문에 필요한 음악도 찾고 소품을 만드는 일도 도맡아야 했다. 스케일이 큰 코너라 회의하고 준비하다 보면 매주 정신없고 힘들기도 했지만 코너가 시작되고 관객들의 웃음소리를 들으면 피로가 싹 날아갔다.

'시청률의 제왕'에서 나의 대사는 보통 아래와 같이 진행됐다.

성광 시청률이 왜 이래? 오늘 시청률 높게 한번 가 보자. 그래프 준비됐어?
기환 네 준비됐습니다!
회경 자 녹화 들어갑니다. 씬 3-2!

그런데 특집 방송이라 유난히 회의와 준비가 힘들었던 주가 있었다. 다들 예민하고 긴장했는데 역할이 작은 나도 '오늘은 작은 역할이니까 더더욱 실수 없이 해야겠다'고 마음먹고 있었다. 그리고 드디어 녹화가 시작됐는데….

성광 시청률 또 떨어졌잖아! 오늘 제대로 올려 보자.
회경 자 녹화 들어갑니다. 씬 2-3!

응? 회경이가 성광 선배 대사를 건너뛰고 시작해 버렸다! 성광 선배의 대사 "그래프 준비됐어?"가 있어야 나의 유일한 대사 "네 준비됐습니다!"를 하는데…. 그 주는 딱 한 줄 있는 대사도 못 하고 그래프 뒤로 쓸쓸하게 퇴장했다.

녹화가 끝나도 회경이는 정신이 없는지 자기가 대사를 빼먹은 줄도 몰랐다. 뒤늦게 알고서야 사과를 했다.

"아 형, 미안해요. 내가 긴장했는지 깜빡했어요."

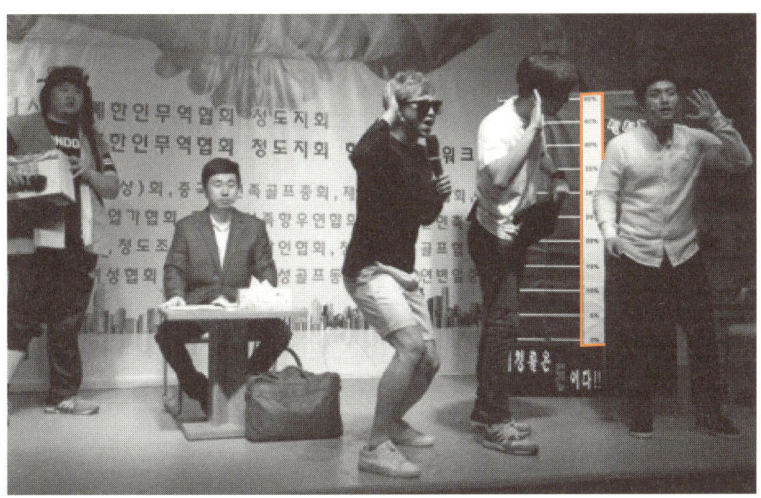
저 그래프 뒤에 내가 있곤 했다.

"야, 나 그거 딱 한 줄 있다…. 거기에 길지도 않아. 넌 대사 3줄이잖아, 난 딱 한 줄이야…. 나 이 마이크는 왜 한 거야?"

원래 지난 일은 신경 쓰지 않는 스타일인데 이건 진짜 서운했는지 두고두고 이야기했다.

왜 모두 같은 실수를 하지?

'저렇게 하면 안 되는데….'

'앞부분이 너무 긴데? 저 부분을 줄이면 되겠다.'

가끔 개그맨 시험을 앞두고 개그 지망생들의 개그를 봐주러 갈 때가 있었습니다. 지망생들이 짠 시험용 개그도 보고 조언도 해 주는데, 사실 처음엔 안 간다고 했다가 재차 부탁받으면 마지못해 갔습니다. 귀찮은 것이 아니라 이런 생각이었습니다.

'지망생들도 뜬 사람 말을 듣겠지 내 말 듣겠어? 나까지 갈 필요 있나?'

그런데 매번 개그 지망생들의 시험용 개그를 보다 보니 많은 지망생들이 비슷한 실수를 하는 것을 발견했습니다. 소극장 무대에서 재밌었던 개그를 그대로 심사 위원 앞에서 하고, 3분 안에 모든 것을 보여 주려고 하다 급하게 연기를 마치는 등의 초보적인 실수였습니다. 한 번에 시험에 붙어서 바로 뜬 사람들은 이런 모습들을 봐도 잘 모릅니다. '저 친구는 좀 덜 웃기네.' 이 정도는 보여도, 왜 저렇게 하면 떨어지고, 저 부분을 어떻게 고쳐야 심사 위원들이 점수를 1점이라도 더 높게 줄 수 있는지는 보이지 않습니다.

"네가 개그맨 되는 책을 쓴다고?"

〈개그맨 되는 법〉 책을 쓴다고 했을 때 주위의 반응이었습니다.

"뜬 사람이 써야 알지, 너도 아직 못 떴는데 사람들이 보겠냐?"

하지만 저는 수없이 떨어진 후에 시험에 붙어서 그런지 왜 사람들이 탈락하는지 알고 있습니다. 그래서 개그를 좋아하는 꿈을 가진 지망생들을 위해 이 책을 쓰게 되었습니다. 한가하게 시간이 남아돌아서 쓴 것이 아닙니다. 치열한 〈개그콘서트〉 무대에 오를 아이디어 생각하기도 바쁘지만, 개그를 정말 하고 싶은데 방법을 몰라서 망설이고 있을 사람들을 위해서 썼습니다.

이 책을 읽고 너보다 재능 있는 사람이 개그맨이 된다면 경쟁자만 늘리는 남 좋은 일만 하는 것 아니냐고 생각할 사람이 있을 수도 있겠습니다. 하지만 그런 분들을 경쟁자라고 생각하지 않습니다. 요즘 웃을 일이 없다고 말하는 대한민국에 웃음을 줄 수 있는 사람이 더 늘어난다면 그걸로 좋습니다. 고등학교 2학년 때 처음 본 〈개그콘서트〉를 보며 배꼽이 빠져라 웃으면서 '내가 지금 받은 웃음, 나중에 개그맨이 되어 사람들에게 돌려줘야지.'라고 다짐했습니다. 아직 반의반도 돌려주지 못해 부끄럽고 갈 길이

멀게만 느껴집니다. 책을 쓰는 동안 반성도 했고 머리로 알고 있는 것을 왜 실천하지 않았는지 생각도 했고요. 이 책을 읽는 개그 지망생들에게 모범이 되기 위해 더 재밌는 개그를 만들어야지 하고 다짐합니다. 이 순간에도 소극장에서 땀 흘리며 꿈을 향해 나아가는 개그맨 지망생들, 아이디어 회의를 하고 있는 개그 후배 선배 동료들… 우리는 오늘도 최고의 웃음을 만들기 위해 최선을 다합니다.

하루빨리 다음 책으로 개그맨 '되는' 법이 아닌 '뜨는' 법을 쓰고 싶습니다.

감사합니다.

오기환

| 안내 |

개그맨 되는 법에 대해 더 많이 알고 싶으신 분들은 개그맨 개그우먼 지망생들의 공간!
카페 '개그맨 되는 법(http://cafe.naver.com/gagmanwoman)'에 방문 부탁드립니다

국립중앙도서관 출판예정도서목록(CIP)

개그맨 되는 법 : 서류부터 합격까지, 단계별 30일 완벽 대비 / 지은이: 오기환. -- 서울 : 국민출판사, 2017 　　　 p. ; 　　 cm ISBN 978-89-8165-322-4 13680 : ₩12000 개그맨 [gag man] 689-KDC6 791-DDC23 　　　　　　　　　　　　　　　 CIP2017013909

개그맨 되는 법
서류부터 합격까지, 단계별 30일 완벽 대비

초판 1쇄 인쇄 2017년 6월 9일
초판 1쇄 발행 2017년 6월 16일

지은이 오기환

펴낸이 김영철
펴낸곳 국민출판사
등록 제6-0515호
주소 서울특별시 마포구 동교로 12길 41-13 (서교동)
전화 (02)322-2434(대표)
팩스 (02)322-2083
블로그 http://blog.naver.com/kmpub6845
홈페이지 http://www.kukminpub.com

편집 임여진, 한수정
표지 디자인 최치영 / **내지 디자인** 블루
종이 신승지류유통/ **인쇄** 예림 인쇄 / **표지 코팅** 수도 코팅 / **제본** 은정 제본

ⓒ 오기환, 2017
ISBN 979-89-8165-322-4 13680